Buch

Wenn ein Mensch Arzt werden will, belegt er ein Studium an einer Universität, wenn jemand Ingenieur werden will, besucht er eine technische Hochschule, doch wo geht ein Mensch hin, der einfach nur er selbst sein will?

Die Wertschätzung des Lebens ist das höchste spirituelle Ziel. Wir können nur dann Freude an unserem Leben haben, wenn es uns gelingt, mit uns im Reinen zu sein. Dafür brauchen wir Selbstwertgefühl, Vergebungsbereitschaft und Verantwortungsbewusstsein. Die Stärkung dieser drei Kompetenzen steht im Mittelpunkt der Meditations- und Reikilehre nach dem Dalmanuta-Prinzip.

Dalmanuta ist eine Stelle am See Genezareth. Sie gilt als der Meditations- und Rückzugsort von Jesus, der Selbstliebe und Nächstenliebe predigte und Menschen heilte. „Liebe deinen Nächsten wie dich selbst." Dieser Rat, so naiv er für manche auch klingen mag, ist der Schlüssel zur Lösung vieler Konflikte. Das gilt für private Lebenssituationen ebenso wie für die Auseinandersetzungen zwischen Nationen und Religionen. Das große Thema, im Kleinen wie im Großen, ist Heilung. Die Liebe heilt uns selbst. Die Vergebung heilt die Vergangenheit. Die Verantwortung heilt die Zukunft.

„Vom Beginn und von der Liebe" ist der erste Band der Dalmanuta-Reihe. Wir müssen unser Herz für die Liebe öffnen, um innere Heilung und Vergebung zu erfahren. Anschließend dürfen wir die Liebe nicht für uns behalten. Wir müssen sie hinaus in die Welt tragen, jeder an seinem Platz, jeder auf seine Weise. Das ist die Botschaft von Dalmanuta.

Autor

Peter Michael Dieckmann, 1961 in Duisburg geboren, war viele Jahre lang Zielfahnder bei der Kriminalpolizei. Heute lehrt er im Rahmen von Seminaren und Workshops Meditation und Reiki nach dem Dalmanuta-Prinzip.

Peter Michael Dieckmann

Das
DALMANUTA
Prinzip

Band I
Vom Beginn und
von der Liebe

Meditations- und Reiki-Lehre

© 2018 Peter Michael Dieckmann

ISBN: 978-3-7469-2728-2 (Paperback)
        978-3-7469-2885-2 (e-Book)
Verlag: tredition GmbH

Bildnachweis:
© fotolia 193900758 - Creativa Images

Bibliografische Information der Deutschen Nationalbibliothek:
Die Deutsche Nationalbibliothek verzeichnet diese Publikation in der Deutschen Nationalbibliografie; detaillierte bibliografische Daten sind im Internet über http://dnb.d-nb.de abrufbar.

Für Sven Philipps

Und alsbald stieg er in das Boot mit seinen Jüngern
und kam in die Gegend von Dalmanuta (Markus 9–10)

Inhalt

Prolog 9

Es begann mit einer Frage 14

Es gibt kein Entkommen von Dir selbst 29

Es ist riskant und gefährlich mit dir zu leben 41

Eine Einheit von Selbstliebe, Nächstenliebe und Vertrauen 52

Das innere Wow und die Suche nach Gott 67

Gib einem Menschen die Würde wieder 81

Epilog 99

Prolog

Ich möchte nach zwanzig Jahren Arbeit als Meditations- und Reikileh-rer die Lehre beschreiben, deren Prinzip ich nach einem besonderen Platz am See Genezareth benannt habe: Dalmanuta.

Den ursprünglichen Plan eines umfangreichen Buches, welches alle Aspekte der Lehre enthält, habe ich während meines Israel-Aufenthaltes im Februar 2018 verworfen. Ich möchte im Laufe der nächsten Jahre mehrere Bände schreiben,

- für all diejenigen, die sich berufen fühlen, die Herzen der Menschen im Namen von Dalmanuta zu berühren;
- für alle, die diesen Ruf noch hören werden;
- für alle Dalmanuta-Lehrer und -Lehrerinnen;
- für alle, die die Vorstellung ihrer eigenen Lehrerschaft zurzeit noch weit von sich weisen;
- für alle, die an den Dalmanuta-Seminaren und Meditationsabenden teilgenommen haben;
- für alle, die dies noch tun werden;
- für alle, die die Vorstellung einer solchen Teilnahme zurzeit noch weit von sich weisen;
- für alle, die sich von diesem Buch nur inspirieren lassen wollen.

Und nicht zuletzt schreibe ich sie für mich.

Prolog

Die Dalmanuta-Bände erheben nicht den Anspruch, Ratgeber im klassischen Sinne zu sein. Die in ihnen vermittelten Botschaften haben keinen Anspruch auf absolute Wahrheit. Sie möchten vielmehr zum Nachdenken, oder – viel besser noch – zum Nachfühlen animieren. Ab und an sind daher Übungen eingestreut, die ich jedem ans Herz legen möchte.

Mit meditativen Übungen können wir viel erreichen. Das habe ich in den beinahe zwanzig Jahren, in denen ich selbst meditiere und vielen Menschen Meditation nahegebracht habe, erfahren. Das Paradox ist jedoch, dass wir nur dann etwas durch Meditation erreichen werden, wenn wir nichts erreichen wollen. Salopp gesagt: Wer durch Meditation Erleuchtung erfahren will, kann alles erfahren, nur nicht Erleuchtung. Die Übungen wirken, ohne dass wir es wollen. Möglicherweise wirken sie sogar nur, sofern wir keine Wirkung erwarten. Nur durch Ausprobieren stellt man ihren Nutzen fest. Und wenn man erkennt: „Ist nichts für mich ..." ist es auch okay.

Meditation ist Kommunikation mit sich selbst und – wer daran glaubt – auch mit dem Göttlichen. Kommunikation ist für eine Freundschaft wichtig. Wenn Freunde nicht mehr miteinander sprechen, geht irgendwann die beste Freundschaft baden. Ebenso verhält es sich mit der Freundschaft zu sich selbst. Die Botschaft lautet: „Kommuniziere mit deinem Körper und deiner Seele. Höre in dich hinein, was sie dir zu sagen haben. Verabrede dich jeden Tag mit dir selbst!"

Dieser erste Band handelt „vom Beginn und von der Liebe". Das Wort „Beginn" bezieht sich sowohl auf den Lebensanfang eines Menschen im Allgemeinen als auch auf den Ursprung der DALMANUTA-Lehre, die inhaltlich mit den Themen „Liebe und (Selbst-) Vertrauen" startet. Das Selbstwertgefühl eines Menschen wird in entscheidendem Maße in den ersten Jahren seines Lebens geprägt. Die Liebe zu sich selbst ist gleichbedeutend mit der Liebe zum Leben. Sie ist die Basis – in diesem Sinn der Anfang – aller Lebensfreude.

Lebensfreude ist das höchste spirituelle Ziel. Wer den Wert des Lebens in sich selbst spürt, spürt Selbstwertgefühl. Wer Selbstwertgefühl in sich spürt, ist fähig zu Mitgefühl. Wer Mitgefühl in sich spürt, ist fähig zur Vergebung. Und nur ein Mensch, der beides, Selbstwert- und Mitgefühl, in sich spürt, ist in der Lage, seinen Auftrag in diesem Leben zu erfüllen.

Ich glaube daran, dass jeder von uns mit der Bestimmung geboren wurde, diese Welt zu einem besseren Ort zu machen. Wir sind alle hier, um ein wenig mehr Liebe in die Welt zu bringen, jeder an seinem Platz, jeder mit seinen Fähigkeiten und Möglichkeiten. „Liebe deinen Nächsten wie dich selbst." Dieser Rat, so naiv er für manche auch klingen mag, ist der Schlüssel zur Lösung vieler Konflikte. Das gilt für private Lebenssituationen ebenso wie für die Auseinandersetzungen zwischen Nationen und Religionen.

„Liebe deinen Nächsten wie dich selbst" war eine der wichtigsten Botschaften des Mannes aus Galiläa, der vor zweitausend Jahren für knapp drei Jahre Menschen um sich scharte und sie unterrichtete.

Prolog

Wenn er für sich allein sein wollte, zog er sich zurück nach Dalmanuta.

Die Stelle am See liegt auf dem Gelände von Tabgha nahe der Brotvermehrungskirche. An diesem besonderen Ort fühlt man sich unweigerlich verbunden mit den Geschehnissen, die sich dort vor zweitausend Jahren ereignet haben. Dort fanden Wunder statt: Wunder der Liebe und Wunder der Heilung. Geschichten, die von Wundern erzählen, beschreiben innere Verwandlungen von Menschen. Sie erzählen von der Heilung emotionaler Verletzungen, von der Auflösung von Schuldgefühlen und von der Verwandlung des Glaubens an Mangel in ein Bewusstsein der Fülle. Das Wasser der Tränen wurde zum Wein der Freude. Und diese Wunder sind auch heute gegenwärtig, sie finden an dem Ort der Liebe und Heilung in unserem Inneren statt: Dalmanuta in unseren Herzen.

Den Entschluss, zum ersten Mal nach Israel zu reisen, hatte ich gefasst, als ich mich in einer emotionalen Krise befand. „Du zeigst als Meditationslehrer Wege auf, wie Menschen ihre innere Mitte finden können, hast deine eigene aber unterwegs verloren", dachte ich. „Was kann ich tun, um sie wiederzufinden?", fragte ich mich. Die gedankliche Antwort kam sofort: „Meditiere an der Stelle, an der das Christentum angefangen hat." Kurzfristig ließ sich der Plan nicht umsetzen, aber Ende des Jahres 2013 flog ich in Begleitung meines guten Freundes Lars Bratke, der sich als katholischer Priester bestens im Heiligen Land auskennt, nach Jerusalem. Während dieser Woche machten wir auch einen Tagesausflug an den See Genezareth. Ich ging zu der Stelle, an der Jesus die ersten Jünger aufgefordert hatte, ihm zu folgen. Ich setzte mich ans Ufer des Sees, schaute in den Himmel und schloss dann die Augen. Eine Stunde saß ich dort und meditierte. Was ich dabei erlebt habe, werde ich niemals mehr vergessen. Zum ersten Mal in meinem Leben war ich bewusst mit mir und meinem Leben im Reinen. „Wenn dein Leben jetzt zu Ende wäre, wäre es okay", dachte ich. Nicht, dass ich sterben wollte, im Gegenteil, ich fühlte mich so lebendig und freudig wie lange nicht mehr. Aber ich spürte meine Verbundenheit mit „allem, was ist", ich war eins mit mir, mit dem Leben und dem Göttlichen. Ich war angekommen. Dieses Gefühl konnte ich noch lange Zeit danach in mir hervorrufen. Meine Meditation am See hatte mich unwiderruflich verändert. Wenn ich mich heute an diesen Moment zurückerinnere, steigt eine große Sehnsucht in mir auf. Schon als ich den Ort verließ, beschloss ich wiederzukommen. Seitdem fahre ich jedes Jahr dort hin, in Begleitung von Meditationslehrern aus der Dalmanuta-Schule.

Es begann mit einer Frage

Es begann mit einer Frage, die für mich zum Auftrag werden sollte: „Wenn ein Mensch Arzt werden will, belegt er ein Studium an einer Universität, wenn jemand Ingenieur werden will, besucht er eine technische Hochschule, doch wo geht ein Mensch hin, der einfach nur er selbst sein will?"

Unmittelbar nach unserer Geburt besitzen wir keine Schätze außerhalb von uns selbst. Wir verfügen noch nicht einmal über einen Wortschatz, mit dem wir Ziele formulieren könnten. Die Ziele werden uns im Laufe der Zeit von anderen vorgegeben. Eltern, Lehrer, Priester und andere Autoritäten zeigen und bereiten uns die Wege hin zu einem vermeintlich erfolgreichen und erfüllten Leben. Sie sagen uns, was wir brauchen und tun müssen, um glücklich zu sein. Wir folgen den Wegweisern der „Gurus" und bemühen uns nicht zuletzt um deren Zuneigung und Anerkennung. Wir lernen Rollen, die wir so gut wie möglich spielen. Dabei vergessen wir, wer wir wirklich sind.

Daran ist nichts verkehrt. Wir müssen zunächst den Wegen anderer folgen, um unseren eigenen Weg zu finden. Wir müssen uns entfernen, um wieder zu uns selbst zurückzufinden. Wir müssen vergessen, um uns wieder zu erinnern. Wir müssen den Wert des Erfolges spüren, um festzustellen, dass dieser Erfolg nicht das ist, was wir gesucht haben. Eines Tages kommen wir an den Wendepunkt, an dem wir merken, dass wir in einer Sackgasse gelandet sind. Dann reift in uns die Erkenntnis: „Ich weiß nicht, ob es anders besser ist, ich weiß nur, dass es so, wie es jetzt ist, nicht mehr weitergehen darf."

Mein persönlicher Wendepunkt war 1999. Seitdem bin ich als Meditations- und Reikilehrer unterwegs. Zuvor war ich ein „Bulle" im Ruhrgebiet. Auf den dortigen Straßen habe ich Menschen, die mit dem Gesetz in Konflikt gekommen und zur Fahndung ausgeschrieben waren, gesucht, zumeist gefunden und dann festgenommen. Später habe ich als Zielfahnder des Landeskriminalamts dasselbe weltweit getan. Und eines Tages begann ich, nach dem Menschen zu suchen, der mir die größten Probleme bereitete. Die Fahndung nach mir selbst stellte sich als die größte Herausforderung von allen dar. Sie dauert immer noch an. Der Kerl ist schwer zu fassen...

Mitte der 1990er Jahre war mein Leben aus den Fugen geraten. Im Außen war alles in Ordnung, ich war gesund, lebte mit der Frau zusammen, die ich liebte, und übte den Beruf aus, den ich mir als Kind erträumt hatte. Dennoch war ich nicht glücklich. Ich hatte den Kontakt zu mir selbst verloren. Ich ging unachtsam mit mir und meiner Umwelt um, war mehr zynisch als humorvoll und trank zu viel Alkohol. Dies wurde mir 1997 zum Verhängnis, als ich aufgrund einer Trunkenheitsfahrt meinen Führerschein verlor. Drei Streifenwagen hatten nachts die Verfolgung aufgenommen. Zunächst erfolglos. Erst der vierten Besatzung gelang es, mich zu stoppen. Nicht, dass ich darauf stolz gewesen wäre. Dennoch gebe ich gern zu, dass ich als Angehöriger einer Spezialeinheit der Polizei besser Auto fahren konnte. Ach ja, bevor ich es vergesse: Arrogant war ich damals auch ... In den

Monaten nach dieser dummen Aktion nutzten mir meine Fahrkünste jedoch nichts. Der Lappen war weg, und ich war als Fußgänger unterwegs. Dafür aber nahm meine spirituelle Entwicklung Fahrt auf.

Lebenskrisen bieten oftmals die Chance zur inneren Weiterentwicklung. Solange alles glattläuft, beginnt man nicht zu suchen. Erst in schweren Zeiten macht man sich auf die Socken. Man will seine innere Stabilität wiederfinden, die man in der momentanen Lebenssituation verloren hat. Wenn man sich in einem dunklen Wald verirrt hat, hält man Ausschau nach einem Licht, das Orientierung geben kann. Dabei ist es in solchen Momenten egal, woher das Licht kommt, sobald man es sieht, folgt man ihm. Auf diese Weise schlägt man in der Verirrung der Dunkelheit manchmal Richtungen ein, in die man in lichtvollen Zeiten nie gegangen wäre. Meine neue Richtung führte mich zu meiner Reiki-Lehrerin Christa. Sie war für mich der „Meister, der kommt, wenn der Schüler soweit ist".

Ich wusste ich nicht, was mich in ihren Seminaren erwarten würde, aber ich hatte das Gefühl, dass es mich weiterbringen könnte. Nun fuhr ich das erste Mal zu ihrem neuen Wohnort in den Westerwald. Oder besser gesagt: Ich wurde gefahren, da mein Führerschein auf dem Schreibtisch eines Sachbearbeiters des Straßenverkehrsamtes Duisburg lag. Ein Bekannter meiner Frau stellte sich als Chauffeur zur Verfügung. Während der Fahrt fragte er mich, was ich denn im Westerwald zu tun hätte? In einem Buch hatte ich gelesen, dass Reiki „Heilen durch Handauflegen" wäre, aber eine solche Erklärung hätte mir zu diesem Zeitpunkt die Schamesröte ins Gesicht getrieben. Schließlich war ich in den Augen meines Kutschers immer noch ein Spezialagent der Polizei. Keinesfalls wollte ich diesen Eindruck durch ein esoterisches Coming-out verwässern. So zog ich es vor, ihm gar nichts von einem spirituellen Seminar zu erzählen, sondern sagte ihm, dass wir auf dem Weg zu einem Klassentreffen meiner ehemaligen Schule seien. „Abi 1981, wir treffen uns alle zwei Jahre", erklärte ich. Mit diesem Statement war er einverstanden.

Plötzlich fiel mir ein, dass meine Erklärung vielleicht nicht die glücklichste gewesen sein könnte, da ich das neue Haus von Christa, in dem das Seminar stattfinden sollte, noch nie gesehen hatte. Was wäre nun, dachte ich, wenn dort orange gekleidete Glatzköpfe herumlaufen und lautstark „Hare Krishna" singen? Dann könnte ich die Frage: „Auf welcher Schule warst du denn ...?" nur zögerlich beantworten. Als wir den Ort erreicht hatten, versuchte ich meinen Fahrer zu überreden, mich ein paar Hundert Meter vor dem Haus aussteigen zu lassen.

„Warum denn das?", fragte er.

„Wenn du an dieser Stelle umkehrst, kommst du schneller wieder zur Autobahn", sagte ich. Diese Begründung zog bei ihm nicht, weshalb er mich in Sichtweite des Seminarhauses absetzte. Meine Befürchtung war unbegründet: Vor dem Haus war niemand zu sehen. Auch drinnen waren die Personen, obwohl allesamt spirituell interessiert, äußerlich nicht von Menschen mit weltlichen Interessen zu unterscheiden. Heute kann ich über meine Vorurteile von damals nur lachen. Ich weiß, dass wahre Spiritualität keine Abkehr vom Weltlichen bedeutet. Vielmehr ist das Gegenteil der Fall.

Es begann mit einer Frage

Mit mir nahmen sechs Menschen an dem Reiki-Seminar des ersten Grades bei Christa teil. Zu Beginn legte sie eine CD mit einer schnellen Musik von Billy Joel ein und forderte uns zur Bewegung auf: „Macht euch mal locker und tanzt durch den Raum." Daraufhin begannen alle Seminarteilnehmer, mit der Leichtigkeit einer Feder durch den Raum zu schweben. Besser gesagt: alle außer einem. Auch wenn ich es gewollt hätte, hätte ich es nicht gekonnt. Wie angewurzelt blieb ich an meinem Platz stehen und hoffte, dass sich der Boden unter mir öffnen würde, damit ich – im wahrsten Sinne des Wortes – auf der Stelle und auf Nimmerwiedersehen von hier verschwinden könnte.

Gott sei Dank erfüllte sich dieser Wunsch nicht. Diese drei Minuten, in denen die Musik lief und die mir wie Stunden vorkamen, bedeuteten einen innerlichen Wendepunkt in meinem Leben. Bis zu diesem Zeitpunkt hatte ich mich für einen der selbstsichersten Menschen auf diesem Planeten gehalten. Inmitten der tanzenden Menschen um mich herum fragte ich mich, wie weit es denn mit meinem Selbstbewusstsein her sei, wenn ich nicht in der Lage bin, mit fremden Menschen in einem Raum zu einer Musik zu tanzen, die mir sogar gefiel.

Dann fasste ich drei Entschlüsse. Erstens: „Ich lasse mich an diesen zwei Tagen auf alles ein, was ich hier erfahren werde!" Zweitens: „Da mich von den Teilnehmern niemand kennt, brauche und werde ich hier nicht den harten Bullen spielen!" Drittens: „Die sehen mich nie wieder! Ich werde nach diesem Seminar niemals mehr wiederkommen!" Die Entschlüsse Nummer eins und zwei habe ich wahrgemacht, den dritten nicht. Ich bin wiedergekommen.

Die Reiki-Seminare bei Christa waren für mich eine Schule, in der ich lernen konnte, ich selbst zu sein. Ich traute mich immer mehr, meine Masken abzulegen und anderen Menschen mein wahres Gesicht zu zeigen. Ich verstand, dass mein Selbstwertgefühl nicht davon abhängen darf, was andere über mich denken oder von mir halten. Ich begriff auch, dass es kein Ausdruck von Schwäche ist, Gefühle zu zeigen. Christa wollte uns nicht zu besseren Menschen machen oder uns eine bessere Wahrheit vermitteln. Sie verordnete keinen neuen Lebensstil. Bei ihr stand der Mensch im Mittelpunkt und nicht die Lehre. Dabei legte sie Wert auf Bodenständigkeit. Abgehobenes Getue war ihre Sache nicht.

„Was nutzt es dir am Montag auf der Arbeit?" Diese Frage stellte sie regelmäßig, wenn einer ihrer Schüler sich über spirituelle Themen ausließ und dabei nicht zu erkennen war, welchen praktischen Nutzen man aus diesem Wissen ziehen könnte. Was helfen Kenntnisse beispielsweise über Reinkarnation, Engelshierarchien oder aufgestiegene Meister im Beruf oder in der Partnerschaft? Spirituelle Theorien ohne Gebrauchsanweisung sind für das alltägliche Leben wertlos. Die Anhäufung von esoterischem Wissen ist kein Zeichen für spirituelles Wachstum. Der spirituelle Weg führt in die Gefühle. Je mehr theoretisches Zeug ich dabei mit mir herumschleppe, desto langsamer komme ich voran.

„Selig sind die Armen im Geiste", sagte der Meister der Liebe zu diesem Thema.

Es begann mit einer Frage

Nachdem ich an den Seminaren zum zweiten und dritten Grad teilgenommen hatte, absolvierte ich die Ausbildung zum Meditations- und Reiki-Lehrer und entwickelte meine eigenen Seminarkonzepte. Dabei orientierte ich mich ausschließlich an den Erfahrungen, die ich in meinem Inneren gemacht hatte. Ich habe mich gefragt: Was ist jeweils in den Tagen, Wochen und Monaten nach den Seminaren in mir passiert? Welche Prozesse sind durch die Übungen in Gang gesetzt worden? Mir war egal, welche Inhalte zum Thema „Reiki" andere vermittelten. Ich konnte und wollte nur das weitergeben, was Reiki für mich ist. Ich hatte eine eigene Botschaft und spürte den Drang, sie an andere weiterzugeben. Gemeinsam mit meiner Frau Karina begann ich mit dem Aufbau von Workshops, Meditationsabenden und Seminaren. Dabei war mir bewusst, dass sich meine Auffassung von Reiki von der traditionellen Richtung unterscheidet. Tradition darf jedoch nicht mit Stillstand gleichgesetzt werden. Auch diejenigen, die Wert darauf legen, so nah wie möglich an der ursprünglichen Lehre zu sein, sind in Wahrheit meilenweit von dieser entfernt. Letztendlich hat auch ein Japaner namens Mikao Usui, der als Begründer des Reiki gilt, etwas für sich neu entdeckt, was es schon lange vor ihm gab. Zu allen Zeiten und in allen Kulturen waren sich Menschen darüber bewusst, dass sie mit ihren Händen nicht nur Körper, sondern auch Seelen berühren konnten. Herr Usui hat ebenfalls nichts anderes getan, als eine alte Tradition auf seine Weise weiterzuentwickeln. Er nannte seine Botschaft nach der Kraft, die seit Anbeginn des Universums existiert, „Reiki", universelle Lebensenergie. Schöner gesagt: „Allumfassendes Leben!"

Ich verkündete mein Verständnis von Reiki überall dort, wo man mich hören wollte. Ich hielt Vorträge in Buchhandlungen, Gemeindesälen, Bildungseinrichtungen, Kliniken und Kneipenräumen. Ich trat auf Gesundheits- und Esoterikmessen auf, sprach vor Menschen, die sich als spirituell bezeichnen und vor denen, die keinen Wert auf solche Bezeichnungen legen. Und immer wieder hörte ich die Frage: „Warum geben Sie ihrer Lehre nicht einen eigenen Namen? Lassen Sie doch den Reiki-Leuten ihr Reiki..." Dazu sah ich keine Veranlassung. Wenn „Reiki" „allumfassendes Leben" heißt, dann umfasst es auch meine Interpretation, dachte ich. Ich beschloss, es umgekehrt zu machen: Ich arbeite so lange und bilde Meditations- und Reiki-Lehrer aus, bis meine Sicht des Reiki Mainstream geworden ist und wir gegenüber den „Traditionellen" in der Überzahl sind. Dies mag zwar arrogant oder anmaßend klingen, für mich aber war es damals die einzig richtige Antwort auf die Frage, ob ich meine Arbeit weiter „Reiki" nennen darf. „Sei begeistert von deiner Sache, zieh hinaus und verkünde sie" lautete mein Credo.

Das Wesen des Lebendigen ist Bewegung und Veränderung. So kann eine Lehre, die nach dem Leben benannt ist, nicht für sich in Anspruch nehmen, niemals verändert zu werden. Daher lade ich die Anhänger der Reiki-Tradition bei meinen Vorträgen und Seminaren immer wieder ein, meine Sichtweise nicht als Gegenentwurf, sondern als Erweiterung ihrer Lehre zu betrachten. Und genau das wünsche ich mir auch von denjenigen, die nun als Dalmanuta-Lehrer durch die Lande ziehen. Sie sollen sich nicht an starre, schlimmer noch: dogmatische Konzepte halten, sondern ihre eigenen Botschaften zu den drei wesentlichen Themen des Lebens, nämlich der Liebe, der Vergebung und der Verantwortung in die Welt tragen. Jeder an seinem Platz und jeder auf seine Weise!

Dabei geht es nicht um die Vermittlung von Wissen oder Können. Das Leben kann man nicht „wissen", man kann es auch nicht „können". Man kann es, (besser: darf) es „nur" erleben. Dalmanuta-Lehrer geben keine Antworten auf persönliche Fragen in der Art von: „Wie soll ich mich verhalten? Wie soll ich mich entscheiden?" Jeder Teilnehmer darf sein Herz ausschütten, darf in den Seminaren erzählen, was gerade auf der Seele liegt, kann aber keine Erklärungen oder Ratschläge erwarten. Dalmanuta Lehrer analysieren keine persönlichen Geschichten, sondern zeigen ihren Teilnehmern immer nur den Weg zu der einzig wahren Autorität: Der Stimme des Herzens.

Die Praxis des Dalmanuta-Reiki zielt weniger auf die äußere, als vielmehr auf die innere Heilung des Menschen. Der Weg in das Innere führt über Meditation, daher gehört beides, Meditation und Reiki, untrennbar zusammen. Meditation ist die Begegnung mit sich selbst.

Im Jahr 2014 lag die Zahl der bislang von mir ausgebildeten Meditations- und Reiki-Lehrer im dreistelligen Bereich. Nun wurden auch sie regelmäßig mit der Frage nach dem korrekten Namen für ihre Arbeit konfrontiert. Einige kamen auf die Idee, diese „neue" Reiki-Lehre mit meinem Namen zu verbinden: Reiki nach Peter Michael Dieckmann. Dies lehnte ich vehement ab. Nicht aus dem Grund, weil ich meinen Namen nicht mag, sondern vielmehr deshalb, weil eine Lehre unabhängig von den Lehrenden sein sollte. Niemand hat ein Copyright auf elementare Botschaften.

Wenn euch jemand sagt: „Ich bin Anhänger von Osho", dann fragt ihn: „Wie lautet der Inhalt der Botschaft? Was ist das Prinzip der Lehre?" Wenn der Betreffende antwortet: „Es geht um innere Freiheit", dann sagt: „Das klingt interessant, erzähl uns mehr davon." Wenn euch jemand sagt: „Ich verehre Jesus", dann fragt: „Was ist die Botschaft? Was ist das Prinzip der Lehre?" Wenn die Antwort lautet: „Liebe deinen Nächsten wie dich selbst", sagt: „Das klingt interessant, erzähl uns mehr davon." Wenn euch jemand sagt: „Ich verehre Mohammed", dann fragt: „Was ist die Botschaft? Was ist das Prinzip der Lehre?" Wenn die Antwort lautet: „Islam heißt Frieden", dann sagt: „Das klingt interessant, erzähl uns mehr davon." Der Welt ginge es vermutlich besser, wenn sich die Menschen mehr für die Inhalte, als für die Propheten interessieren würden. Ein Prinzip kann man schlecht verehren, es fällt schwer, Girlanden dran zu hängen.

Der Begriff „Prinzip" bedeutet „Anfang" beziehungsweise „Ursprung". Dalmanuta ist der Platz, an dem das Christentum seinen Ursprung hat. Am See Genezareth, forderte Jesus seine ersten Schüler auf, ihm und seiner Botschaft zu folgen. Hier begann die Geschichte, die sich im weiteren Verlauf zur christlichen Religion entwickelte. „Religion" stammt von dem lateinischen Wort „religere" und bedeutet „Rückverbindung". Gemeint ist die Rückverbindung zu unserem eigenen Ursprung, zu unserer göttlichen Quelle.

Nachdem ich mit diesen Worten die Idee, eine spirituelle Lehre nach mir zu benennen, erfolgreich verhindert hatte, fiel mir auf, dass ich mir selbst noch nie die Frage nach dem Prinzip unserer Arbeit gestellt hatte. Während einer Meditation in Israel holte ich das Versäumte nach und beschloss, das Prinzip nach der Stelle zu benennen, an der die Antwort kam: „Ihr öffnet Tore. Das Tor zum Himmel, das Tor zum Herzen, das Tor zur Welt."

Der Himmel symbolisiert die Liebe als Urenergie des Lebens. Das Herz symbolisiert den Raum in uns, in dem die Urenergie wirkt. Die Welt symbolisiert den Raum um uns, in dem wir wirken. Wir müssen unser Herz für die Liebe öffnen, um Heilung und Vergebung zu erfahren. Anschließend dürfen wir die Liebe nicht für uns behalten. Wir müssen sie hinaus in die Welt tragen, jeder an seinem Platz, jeder auf seine Weise.

Für mich ist das Himmelreich, von dem Jesus bisweilen sprach, ein Synonym für das Innere, so wie die Erde für das Außen steht. Mit unseren Einstellungen können wir in uns gleichsam die Hölle wie auch den Himmel erschaffen. Ein Mensch, der mit sich selbst im Reinen ist, befindet sich in diesem Sinne im Himmelreich.

„Und ich will dir des Himmelsreichs Schlüssel geben: alles, was du auf Erden binden wirst, soll auch im Himmel gebunden sein, und alles, was du auf Erden lösen wirst, soll auch im Himmel los sein."

Dieser Satz wurde der Legende nach vor zweitausend Jahren bei Dalmanuta ausgesprochen. Die Schlüssel für das „Innere Himmelreich" trägt somit jeder in sich. Den Schlüssel zur Liebe, den Schlüssel zur Vergebung und den Schlüssel zur Verantwortung und Lebensaufgabe. Reiki nach dem Dalmanuta-Prinzip weist den Weg zu diesen drei großen Themen unseres Lebens: Liebe, Vergebung, Verantwortung. Die Liebe heilt uns selbst. Die Vergebung heilt die Vergangenheit. Die

Verantwortung heilt die Zukunft.

Meditation nach dem Dalmanuta-Prinzip strebt nicht nach Rückzug, sondern nach Hinwendung. Die Meditationsübungen sollen uns nicht von unseren Emotionen ablenken und wegführen, sondern uns mit unseren Gefühlen wieder in Kontakt bringen. Wir gehen nicht auf Distanz, sondern wenden uns all dem zu, was in uns und um uns ist.

Jemand fragte nach dem Sinn seines Lebens: „Warum bin ich geboren worden?" Die Antwort ist einfach: Weil du „Ja" gesagt hast!

Vor deiner Geburt wurde dir gesagt,
dass du nun die Gelegenheit hast,
in einen neuen Körper einzutauchen.
Und du hast gesagt: Ich will es wagen.

Vor deiner Geburt wurde dir gesagt,
dass du für die Zeit des körperlichen Lebens vergessen würdest,
wer du bist, woher du kommst.
Und du hast gesagt: Ich will es wagen.

Vor deiner Geburt wurde dir gesagt,
dass du wieder Neuland betreten wirst,
Erfahrungen machen wirst wie nie zuvor und niemals danach.
Und du hast gesagt: Ich will es wagen.

Es begann mit einer Frage

Vor deiner Geburt wurde dir gesagt,
  dass es manchmal leicht, doch oft auch schwer sein wird,
  dass du oftmals stark und oft auch schwach sein wirst.
  Und du hast gesagt: Ich will es wagen.

Vor deiner Geburt wurde dir gesagt,
  dass es immer neue Begegnungen in deinem Leben geben wird.
  Dir wurde auch gesagt, dass es Abschiede geben wird.
  Und du hast gesagt: Ich will es wagen.

Vor deiner Geburt wurde dir gesagt,
  dass du oft nicht wissen wirst,
  wohin die Reise geht, wohin dein Leben steuert.
  Und du hast gesagt: Ich will es wagen.

Vor deiner Geburt wurde dir gesagt,
  dass immer Hilfe in deiner Nähe ist, du nie wirklich allein bist.
  Dir wurde auch gesagt, dass du dich dennoch oft allein fühlen wirst.
  Und du hast gesagt: Ich will es wagen.

Vor deiner Geburt wurde dir gesagt,
  dass du alle Schätze in dir trägst, sie aber auch nur in dir finden kannst.
  Dir wurde auch gesagt, dass du oft noch im Außen suchen und Enttäuschung erfahren wirst.
  Und du hast gesagt: Ich will es wagen.

Es begann mit einer Frage

Vor deiner Geburt wurde dir gesagt,
  dass das Geheimnis des Lebens darin besteht,
  dass nur der bekommt, der bereit ist, zu geben, der bereit ist, alles zu geben.
  Und du hast gesagt: Ich will es wagen.

Vor deiner Geburt wurde dir gesagt,
  dass du nur dann Liebe und Geborgenheit spüren wirst,
  wenn du selbst Liebe und Geborgenheit gibst.
  Dir wurde gesagt, dass nur du allein zum Retter deines Lebens werden kannst.
  Und du hast gesagt: Ich will es wagen.

Vor deiner Geburt wurde dir gesagt,
  dass du die Stimme, die vor der Geburt zu dir spricht,
  auch während deines Lebens immer hören kannst.
  Dir wurde gesagt, dass du in dich hineinhorchen musst, um sie zu hören.
  Und du hast gesagt: Ich will es probieren.

Vor deiner Geburt wurde dir gesagt,
  dass du zurückkehren wirst und dann die Frage beantworten musst:
  die Frage, was du gemacht hast aus deinem Leben,
  was du gemacht hast mit deinen Fähigkeiten und Talenten,
  wie du die Gelegenheiten genutzt hast, die dir von oben zugefallen sind.
  Und du hast gesagt: Ich will Antwort geben.

Es begann mit einer Frage

Vor deiner Geburt wurde dir gesagt,
  dass zwar dein Körper, niemals aber deine Seele geschädigt werden
  kann.
  Und du hast gesagt: Ich will daran denken.

Vor deiner Geburt wurde dir gesagt,
  dass du dir selbst immer vertrauen kannst.
  Und du hast gesagt: Ich will es versuchen.

Vor deiner Geburt wurde dir gesagt,
  dass du jetzt die Gelegenheit hast, zu lachen und zu weinen,
  zu essen und zu trinken, zu schmecken und zu fühlen, zu singen und zu
  tanzen.
  Dir wurde gesagt, dass du die Gelegenheit hast, dein Leben zu leben.
  Und du hast gesagt: Ich will es wagen.

Vor deiner Geburt wurde dir gesagt,
  dass du so wertvoll bist,
  dass das Leben selbst ohne dich nicht existieren könnte.
  Und du hast gesagt: Ich will es niemals vergessen. [1]

---

[1] Peter Michael Dieckmann: „Vor deiner Geburt wurde dir gesagt" Erstveröffentlichung in „Ich bin berührt" Goldmann 2008

Es gibt kein Entkommen von Dir selbst

Es gibt kein Entkommen vor uns selbst. Wir können aus allen möglichen Situationen flüchten, können beispielsweise den Arbeitsplatz wechseln, uns von unserem Lebenspartner trennen, wir können auswandern und so weiter. Nur vor uns selbst können wir nicht fliehen. Das Selbstwertgefühl ist unsere Basis, unser Fundament und somit das zentrale Thema des ersten Dalmanuta-Reiki-Grades. Unser Selbstwertgefühl nehmen wir überall mit hin.

Nichts kann uns glücklich machen, wenn wir den Wert nicht spüren. Dabei reicht es nicht aus, den Wert zu „wissen", wir müssen ihn empfinden. Das gilt für den Wert eines guten Essens ebenso wie für den Wert unseres Selbst.

Am ersten Tag unseres Lebens waren wir ohne Rolle, ohne Maske, ohne Strategie, wir waren einfach nur Mensch, ungeschützt, wahrhaftig und verletzbar. Wir brachten nichts mit außer Liebe. Im Laufe der Zeit lernten wir jedoch, dass wir uns die Liebe verdienen müssen, indem wir uns als „liebenswert" erweisen.

Dabei wollen wir nicht nur wegen einer Rolle geliebt werden, die wir auf der Bühne des Lebens aufführen, sondern wir wollen als der Mensch geliebt werden, der wir wahrhaft sind, mit all unseren Facetten. Wir wollen nicht geliebt werden, weil. Weil wir zum Beispiel so einen tollen Beruf haben, weil wir immer so nett und lieb sind, weil wir immer so hilfsbereit und zuverlässig sind, weil wir so gut aussehen und so weiter. Wir wollen ohne Wenn und Aber und ohne „weil" geliebt werden. Und dennoch bemühen wir uns bei der Suche nach Liebe, all die Ansprüche zu erfüllen, die uns vermeintlich liebenswert machen. Wir schaffen uns Rollen und versuchen, die Kriterien zu erfüllen, um von anderen gemocht zu werden. Das ist das Paradox: Wir wollen grundlos geliebt werden und suchen dennoch ständig Gründe: warum wir es wert sind, geliebt zu werden beziehungsweise, warum wir es nicht sind, also Gründe für das Gegenteil.

Viele persönliche Probleme beruhen auf dem Glauben an die eigene Wertlosigkeit. Ursache dafür sind oftmals emotionale Verletzungen und mangelnde Anerkennung und Wertschätzung in der Kindheit. Das Selbstwertgefühl des Kindes entscheidet im bedeutenden Maße über die künftigen Handlungen und Verhaltensweisen des Erwachsenen. Menschen mit einem Selbstwertgefühl, das vom Mangel gekennzeichnet ist, ziehen unterschiedliche Konsequenzen. Manche versuchen es mit Leistung, rackern als Erwachsene wie verrückt, um von anderen Anerkennung und Wertschätzung zu erlangen. Andere bemühen sich um Harmonie, versuchen beispielsweise mit Geschenken, sich die Liebe der Zeitgenossen zu verdienen. Wieder andere ziehen sich zurück. Ihr Glaube an die eigene Wertlosigkeit hindert sie an der erfolgreichen Durchführung von Projekten, die ihnen Freude bereiten würden. „Das schaffe ich sowieso nicht" ist ihr vorherrschender Gedanke, der sie bei den ersten Schwierigkeiten aufgeben oder erst gar nicht anfangen lässt. Auf diese Weise entsteht ein teuflischer Kreislauf: Sie tun nichts, weil sie an ihr Scheitern glauben, und weil sie nichts tun, scheitern sie. Ihr Glaube wird somit bestätigt. Solange wir uns selbst nicht mit Haut und Haaren, mit all unseren Stärken und Schwächen akzeptieren und respektieren, werden wir mangelnde Anerkennung durch andere empfinden.

Ich hatte einen „besten" Freund in meiner Kindheit und Jugend. Wir besuchten die gleiche Schule, spielten zusammen Fußball und machten das, was Kinder und Jugendliche damals in den 1970er Jahren so machten. Ich bewunderte diesen Freund, weil er viel mehr auf dem Kasten hatte als ich. Er konnte alles besser: Er war in der Schule in allen Fächern besser als ich, er konnte besser Fußballspielen und er war schlagfertiger als ich, und das im wahrsten Sinne des Wortes. Er war in meinen Augen selbstbewusst, während ich unter meinen Minderwertigkeitskomplexen litt. Nach dem Abitur verloren wir uns aus den Augen, obwohl wir beide Polizisten wurden. Er ging zur Schutzpolizei, ich wurde Kriminalbeamter. Dreißig Jahre lang hörten wir nichts voneinander. 2011 bekam ich von ihm eine Mail, in der er sich zu einem Reiki-Seminar bei mir anmeldete. Ich war sehr gespannt, ihn wiederzusehen, und zugegebenermaßen auch etwas nervös. Mit den Erinnerungen kamen auch meine alten Gefühle aus der Jugend wieder zurück. Im Laufe des Seminars frage ich die Teilnehmer als Vorbereitung zu einem Ritual des Loslassens: „Was willst du nicht mehr haben in deinem Leben?" Die einen möchten beispielsweise ihren Perfektionismus abgelegen, andere ihren Selbstzweifel, wieder andere ihre innere Unruhe und so weiter. Als ich vor meinem Freund aus alten Tagen stand und ihm die Frage stellte, antwortete er: „Ich will meine Minderwertigkeitsgefühle nicht mehr haben." Er hätte mir genauso gut mit der flachen Hand auf die Stirn hauen können, die Wirkung seiner Worte war die gleiche. In diesem Moment wurde mir schlagartig bewusst, dass sich mein Freund damals genauso gefühlt hatte wie ich. Niemals hätte ich das bis dahin für möglich gehalten.

Sowohl die Vorstellung des Minderwertes als auch die des übersteigerten Selbstwerts gründen auf einem Glauben an Hierarchien. Der Mensch fragt sich, welchen Platz er im Vergleich zu anderen eingenommen hat. Der eine glaubt, er stünde unter den anderen, der andere glaubt, er stünde über ihnen. „Bin ich schlechter oder besser als die anderen?", lautet seine Frage. Für einen Menschen mit mangelndem Selbstwertgefühl lautet die Antwort immer: „Ich bin schlechter", für einen Menschen mit übersteigertem Selbstwertgefühl: „Ich bin besser." Menschen mit falschem Selbstwertgefühl sind oftmals anfällig für Gruppen mit Heilsversprechen. Diese Gruppen sind allesamt hierarchisch aufgebaut und bieten ihren Anhängern Argumente für ihre Auffassung, sie seien etwas Besonderes oder – krasser noch: sie seien „auserwählt". Mal besteht der Grund in der Zugehörigkeit zu einer Religion, mal in der Zugehörigkeit zu einer Nation. Die Möglichkeiten für solche Gründe sind vielfältig. Religion, Rasse und Nation sind jedoch die Klassiker. Viele dieser Gemeinschaften sind harmlos, ihren Mitgliedern genügt das Gefühl „Ich gehöre dazu". Manchmal aber wird es gefährlich. Der deutsche Nationalsozialismus steht beispielhaft für die schrecklichen Folgen eines kollektiven Minderwertigkeitsgefühls. Wer sich selbst für auserwählt hält, trachtet danach, sich gegenüber anderen zu erhöhen. Das Fundament dieses Bestrebens ist die Angst, ansonsten unter den anderen zu stehen. Der Ängstliche denkt in Hierarchien, er kennt nur oben oder unten. Ein Mensch mit Minderwertigkeitskomplexen hat ein Problem damit, anderen auf Augenhöhe zu begegnen. Sein Machtstreben ist der Versuch, die Angst in sich auszulöschen. Er duldet daher nur „Ja-Sager" um sich herum, die ihm das Gefühl geben, tatsächlich auserwählt zu sein und über allen anderen zu stehen. Sobald ihm ein Mensch auf Augenhöhe begegnet, spürt er wieder die fundamentale Angst in sich. Seine Macht hat die Angst nicht beseitigt, sondern nur unterdrückt. Der emotionale Mix von Macht, Angst und Minderwertigkeitsgefühl ist explosiv. Mächtige Leute, die unter mangelndem Selbstwertgefühl leiden, sind gefährlich. Zumindest für diejenigen, die den Mut haben, ihnen zu widersprechen. Die Stärkung des Selbstwertgefühls ist also kein überflüssiger „Selbstfindungs-Schnick-Schnack", sondern wichtige politische Arbeit. Menschen ohne Selbstwertgefühl leben latent in dem Glauben, zu kurz gekommen zu sein: Sie fühlen sich nicht gewollt, nicht geliebt, nicht gebraucht. Sie sind deshalb begehrte Zielgruppe für weltliche oder auch spirituelle Gurus, die ihnen Heilung von dem Gefühl versprechen, ein Verlierer zu sein, indem sie auf die vermeintlich „Schuldigen" zeigen, zum Beispiel auf „die Ausländer", „die Flüchtlinge" und so weiter. Auf diese Weise wird Angst, Hass und Zorn gesät. Ein Mensch jedoch, der den Wert des Lebens in sich spürt, fällt nicht auf solche Propaganda herein.

Mark Twain sagte einmal: „Nichts ist gefährlicher, als die Weltanschauung von Menschen, die die Welt nie angeschaut haben." Dem ist hinzuzufügen, dass es auch darauf ankommt, auf welche Weise die Welt betrachtet wird: mit oder ohne Mitgefühl? Mitgefühl bedeutet:

„Ich freue mich für den anderen, wenn es ihm gut geht und ich bin traurig, wenn es ihm schlecht geht." Selbstliebe ist das Mitgefühl zu sich selbst. Ich gestatte mir, mich zu freuen, wenn es mir gut geht und traurig zu sein, wenn es mir schlecht geht. Beides – Selbstliebe und Mitgefühl zu anderen – sind unteilbar miteinander verbunden.

Echtes Selbstwertgefühl ist frei von Vergleichen. Für einen Menschen mit wahrem Selbstwertgefühl stellt sich die Frage nach „besser oder schlechter" nicht. Er sieht in den Augen des anderen immer das Einmalige und Einzigartige. Zugleich erkennt er in den Augen des anderen das Verbindende. Denn obwohl jeder Mensch einmalig und einzigartig ist, sind wir alle eins. Wir stammen alle aus der einen, göttlichen Quelle. Jeder Mensch ist ein einzigartiger und einmaliger Ausdruck der Schöpfung. Wahres Selbstwertgefühl ist daher immer auf gleicher Augenhöhe mit dem Göttlichen. „Jeder Mensch ist die Frucht eines Gedankens Gottes. Jeder ist gewollt, jeder ist geliebt, jeder ist gebraucht," sagte einst Josef Ratzinger in seiner ersten Predigt als Papst Benedikt XVI.

Wir müssen uns nicht als liebenswert erweisen. Wir sind es!

Nimm einmal ein Kinderbild von dir und betrachte es. Nimm Kontakt mit dem Kind auf dem Bild auf.

Frag dich,

ob dieses Kind auf deinem Bild das Recht hat, zu leben?

Frag dich,

    ob es das Recht hat, da zu sein?

    ob es das Recht hat, so zu sein, wie es gerade ist?

    ob es das Recht hat, geliebt zu werden?

    ob es das Recht hat, zu lieben?

    ob es das Recht hat, sich selbst zu lieben?

    ob es das Recht hat, sich zu freuen?

    ob es das Recht hat, zu wachsen?

    ob es das Recht hat, sich zu verändern?

    ob es das Recht hat, frei zu sein?

Und wenn du dir selbst die Antworten gegeben hast, dann sag diesem Kind auf deinem Foto, dass es das alles darf.

Sag ihm,

    dass es sein Recht ist, zu leben,

    dass es sein Recht ist, da zu sein,

    dass es sein Recht ist, so zu sein, wie es gerade ist,

    dass es sein Recht ist, geliebt zu werden,

    dass es sein Recht ist, zu lieben,

    dass es sein Recht ist, sich selbst zu lieben,

    dass es sein Recht ist, sich zu freuen und zu wachsen, sich zu verändern und frei zu sein.

Sag ihm,

    dass es nicht nützlich sein muss, um geliebt zu werden.

    Sag es ihm so deutlich, dass dieses Kind auf deinem Foto es niemals vergisst.

Sag ihm,

dass es niemals die Liebe woanders suchen muss, niemals um Liebe betteln muss.

Sag es ihm so deutlich, dass dein Kind auf dem Foto die Liebe immer in sich findet. Dann lege das Bild an dein Herz und schließ die Augen. Mach dir bewusst, dass dieses Kind immer noch in dir lebt, dass das Kind in dir immer noch all diese Rechte hat. Und dass auch du als Erwachsener heute all diese Rechte hast.

Und das, was du dem Kind auf dem Foto gesagt hast, sagst du nun zu dir selbst.

Im neuen Testament wird die Geschichte von Martha und Maria beschrieben. Jesus kehrt in das Haus der Schwestern ein. Maria setzt sich zu ihm und hört ihm zu, während Martha die beiden bedient. Martha ärgert sich, weil Maria ihr nicht hilft. Und erhält auch noch einen Rüffel vom Meister, der sie darüber belehrt, Maria habe sich „den besseren Teil" genommen.

Für mich ist Martha ein Beispiel für Menschen, die gelernt haben, dass man sich die Liebe durch Leistung verdienen muss. Martha gibt, um Anerkennung zu bekommen. Sie ist in diesem Sinne in der nehmenden statt gebenden Richtung unterwegs. Im Gegensatz dazu Maria, die scheinbar nur aufnimmt, tatsächlich aber gibt: Sie schenkt Jesus Aufmerksamkeit, während Martha geschäftig um den Tisch herumwirbelt und dabei das Wesentliche verpasst. Da sitzt ein erleuchteter Meister in ihrem Wohnzimmer, und sie hört ihm nicht zu.

Wie viele Anstrengungen haben wir in unserem Leben unternommen für ein wenig Anerkennung. „Was sollte ein guter Junge können? Wie benimmt sich ein braves Mädchen?" und so weiter sind Prägungen aus unserer Kindheit. Das innere Programm, sich die Liebe durch Vorleistung verdienen zu müssen, bedarf einer dringenden Überholung.

Oft schon erzählten mir Teilnehmer, dass sie in ihrer Kindheit oder Jugend von Vater oder Mutter den Satz gehört haben: „Eigentlich wollten wir ja keine Kinder mehr." Dieser Satz, manchmal von einem Elternteil nur beiläufig ausgesprochen, wirkt nachhaltig auf das Selbstwertgefühl des Kindes ein. Manche Pflegekinder zum Beispiel tragen in sich das Gefühl, abgeschoben worden zu sein. Sie fühlen sich nicht gewollt, nicht geliebt, nicht gebraucht. Den oben zitierten Satz von Papst Benedikt empfinde ich als genial. Er drückt alles aus, was ein gutes Selbstwertgefühl ausmacht. Wer diesen Satz in sich fühlen kann, hat es: „Ich bin die Frucht eines Gedanken Gottes ..." Auch dann, wenn meine Eltern mich nicht gewollt haben, gibt es da oben eine Macht, die meinen Aufenthalt hier auf der Erde will! Auch dann, wenn meine Eltern mich nicht genügend geliebt haben, gibt es da oben eine Macht, die mich liebhat! Und wenn ich manchmal keinen Sinn in meinem Leben sehe, ich mich manchmal nutzlos fühle, gibt es da oben eine Macht, die mein Leben hier auf Erden als sinnvoll betrachtet!

Das Selbstwertgefühl ist Teil des inneren, geheimen Lebens. Wir können selbstsicher wirken, ohne es zu fühlen. Wir können mit entsprechenden Strategien und antrainierten Verhaltensweisen selbstbewusst auftreten. Allein mit uns selbst, im stillen Kämmerlein, fallen alle Masken. Aus diesem Grunde fällt es manchen so schwer, sich auf Meditation einzulassen. Meditation ist die totale Konfrontation mit sich selbst.

Man könnte sagen, dass wir drei Leben führen: Das erste öffentlich, das zweite privat und das dritte insgeheim. Unser Leben in der Öffentlichkeit nehmen alle wahr; Kollegen, Freunde, Bekannte, Kunden und so weiter. Unser privates Leben bekommen nur diejenigen mit, die uns am nächsten stehen – dann, wenn die Türen verschlossen sind. Man kennt das: Sonnyboy und Sonnygirl geben eine Party in ihrem Haus. Sie verbreiten gegenüber ihren Gästen frohe Stimmung. Wenn die Party vorbei ist, die Gäste gegangen, die Haustüre geschlossen und die Gastgeber unter sich sind, verwandeln sich Sonnyboy und Sonnygirl in die Menschen, die sie wirklich sind. Doch auch das nur zum Teil. Denn was einen Menschen wahrhaft ausmacht, ist sein inneres Leben, zu dem niemand außer ihm selbst Zutritt hat. Unser inneres Leben ist für die anderen geheim, in weiten Teilen sogar geheim für uns selbst. Das innere Leben ist die Quelle unserer Kreativität, es ist der Ort der Erinnerungen, der Erfahrungen, der Prägungen und Glaubenssätze. Nur hier, aus unserem Inneren heraus, können wir wahrhaft glücklich, oder auch unglücklich sein.

Manche streben nur danach, in der Öffentlichkeit gut wahrgenommen zu werden. Es geht ihnen um das Ansehen. Andere wiederum scheren sich nicht um ihr Bild in der Öffentlichkeit. Ihre Achtsamkeit gilt allein dem privaten Leben. Sie suchen die Erfüllung in der

Partnerschaft, streben nach Harmonie in der Familie. Glückliche Menschen hingegen pflegen auch den Kontakt mit ihrem inneren, geheimen Leben. Sie schöpfen aus der Quelle ihrer Kreativität und ihrer Träume. Manchmal frage ich in die Runde: „Was ist dein Traum?" Einige antworten: „Darüber muss ich erst nachdenken." „Wie könnte dein Kopf über die Frage nachdenken, welche Träume dein Herz hat?", erwidere ich dann. Und einige wenige sagen: „Ich weiß es nicht." „Das ist aber schade", sage ich. „Das ist sehr schade!" Dann stelle ich eine weitere, diesmal jedoch rein rhetorische Frage: „Wenn ich ein kleines Mädchen oder einen kleinen Jungen bitte, mir von seinen Träumen zu erzählen und das Kind nicht sofort lossprudelt mit seinen Worten, muss irgendetwas Schlimmes zuvor geschehen sein. Wenn ein Kind keine Träume mehr hat, muss es zuvor auf traumatisierende Weise unterdrückt beziehungsweise verletzt worden sein. Gebt ihr mir da Recht?" Bislang hat noch niemand widersprochen. Die gleiche Feststellung trifft auch auf Erwachsene zu. Was muss passiert sein, dass jemand keinen Zugang zu seinen Träumen hat? Denn die Träume sind nie verschwunden, sie sind immer da, bei manchen aber sind sie tief im Inneren verschüttet. Dann gilt es, den Schutt, bestehend aus Prägungen und Glaubenssätzen, abzutragen und die Träume wieder freizulegen. Es kommt nicht darauf an, jeden Traum zu realisieren. Aber jeder braucht einen Traum, eine Sehnsucht nach dem derzeit Unerreichbaren, um wach und lebendig zu sein.

Nimm einen Taschenspiegel und schau dir in die Augen.

Mach dir bewusst:

„Diese Augen suchen Liebe."

Dann schließe deine Augen und leg den Spiegel an dein Herz.

Mache dir bewusst:

„Diese Augen suchen. Sie suchen – mich!"

Wenn wir diese Übung regelmäßig durchführen, gelangen wir in die Tiefe unserer Seele. Wir bekommen Zugang zu unserem „geheimen" Leben.

Es ist riskant und gefährlich
mit dir zu leben

Glaube ist riskant. Du könntest irren.
Vertrauen ist riskant. Du könntest enttäuscht werden.
Liebe ist riskant. Du könntest verlassen werden.
Verantwortung ist riskant. Du könntest scheitern.
Leben ist riskant. Du könntest sterben.

Das Wort „Risiko" schreckt manche ab, es bereitet ihnen Angst. Andere verbinden den Begriff mit Chancen und Möglichkeiten. Diese Einstellung ist eine stabilere Grundlage für Lebensfreude. Übertriebene Ängstlichkeit hingegen nicht. Auch die Selbstliebe ist immer ein Risiko. Ich werde mich morgen verändert haben. Wie sich diese Veränderung zeigen wird, weiß ich heute nicht. Ich werde mit diesem Menschen, den ich heute im Spiegel sehe, ins Unbekannte gehen.

„Wenn mein Ende nicht mehr weit ist, ist der Anfang schon gemacht. Weil's dann keine Kleinigkeit ist, ob die Zeit vertane Zeit ist, die man mit sich zugebracht" singt Konstantin Wecker in einem seiner Lieder[2]. Die Erkenntnis der Endlichkeit und Verletzbarkeit ist das Fundament der Selbstliebe. Ich fühle und begreife, dass auch ich ein verletzbares Wesen bin, das eines Tages sterben wird.

---

[2] Konstantin Wecker: Wenn der Sommer nicht mehr weit ist

Es ist riskant und gefährlich mit dir zu leben

Ein zentraler Satz im Seminar des ersten Grades lautet: „Ich bin ein nicht abgeschlossener Prozess, und es ist riskant und gefährlich, mit mir zu leben." Der erste Betroffene, für den es riskant und gefährlich ist, mit mir zu leben, bin ich selbst. Ich kann mich nicht darauf verlassen, dass ich morgen – geschweige denn in zehn Jahren – noch genauso fühle und denke wie heute. Ich nehme mir die Freiheit, mich zu verändern und gestatte mir somit, lebendig zu bleiben.

Auch in einer Liebespartnerschaft muss jeder den Freiraum haben, sein Potential auszuleben, ohne das Gefühl zu haben, in solchen Momenten den anderen zu vernachlässigen. In der Unfreiheit stirbt die Liebe. Sobald einer der beiden Partner einen Besitzanspruch auf den anderen erhebt, wird es eng. Die Liebe braucht Raum zur Entfaltung. In der Enge geht sie ein. Beide Partner sind eigenständige Persönlichkeiten mit individuellen Fähigkeiten und Talenten. Auch dem Partner darf ich die Freiheit zugestehen, sich zu verändern und somit lebendig zu bleiben. Auch er ist ein nicht abgeschlossener Prozess, und es ist riskant und gefährlich mit ihm zu leben! Und last but not least gilt das auch für die Partnerschaft selbst ...

Liebe beruht auf Achtung: „Ich sehe dich! Ich achte dich! Ich sage „Ja" zu dir!" Das gilt für den Blick in den Spiegel ebenso wie in der Begegnung mit anderen. Auch die Nächstenliebe setzt voraus, den anderen als eigenständigen und wertvollen Menschen zu sehen und zu achten, oder, ein anderes Wort: ihn zu würdigen. Eine wichtige Voraussetzung, um die Liebe lebendig zu halten, ist der Kontakt. Ich muss mit dem Adressaten meiner Liebe in Berührung kommen, er muss zu meinem Nächsten werden, damit die (Nächsten)liebe in mir entstehen kann. Ebenso muss ich in Kontakt mit mir selbst bleiben, um mich selbst lieben zu können. Ich darf vor meinen Gefühlen nicht weglaufen, muss mich trauen, von ihnen berührt zu werden. Das Gegenteil von Kontakt ist Distanz. Distanz schaffe ich durch Kritik. Je mehr ich einen Menschen kritisiere, desto weniger kann ich ihn lieben. Das Gleiche gilt für mich selbst. Je stärker ich mich kritisiere, desto weniger kann ich mich selbst lieben. Anstelle der Selbstkritik sollte die Selbstreflexion treten. Wir sollten uns die Fähigkeit bewahren, unser Verhalten zu hinterfragen. Doch ist es ein Unterschied, ob ich mich selbst reflektiere oder kritisiere. Die Kritik ist ein feststehendes Urteil, die Reflexion hingegen ist ergebnisoffen. Urteile haben endgültigen Charakter. Selbstreflexion hingegen ist fließend und offen für Veränderung. Schließlich sind wir nicht statisch, sondern äußerst lebendig.

Selbstreflexion orientiert sich nicht nach äußeren Kriterien beziehungsweise Geboten. Wir brauchen keine äußeren Gebote, wenn unser innerer Kompass funktioniert. Salopp gesagt: Ich brauche mir keinen Zettel an den Spiegel über das Waschbecken heften, auf dem steht: „Heute keinen Menschen töten!" Ich werde es sowieso nicht machen. Und wenn ich in die Situation kommen sollte, in der ich so durchdrehe, dass ich doch töte, nützt mir auch der Zettel in meinem Badezimmer nichts. Wir benötigen keine Gebote, um uns selbst zu bändigen. Wir benötigen Mitgefühl! Ein mitfühlender Mensch weiß: „Immer dann, wenn ich einen anderen verletze, verletze ich mich selbst." Ein mitfühlender Mensch ist sich bewusst, dass er Teil der ganzen Schöpfung ist. Die Menschen gehen deshalb so wenig sorgfältig mit ihrer Umwelt und ihren Mitmenschen um, weil sie die Umwelt und die

Mitmenschen von sich selbst gedanklich trennen. Die Botschaft lautet: Sorge für deinen Körper und für deine Seele. Kümmere dich um dich. Gib dir körperliche und geistige Nahrung. Geh sorgsam mit dir um! Und mach dir klar: Je weniger du von dir trennst, je weiter dein Bild von dir selbst ist, je mehr du in deine Identität hineinnimmst, desto mehr profitierst du und andere von deiner Sorgfalt.

Gott ging zu den Hindus und fragte: „Möchtet ihr Gebote haben?" Die Hindus lehnten ab: „Danke, wir haben selbst genug davon." Dann ging er zu den Franzosen und fragte: „Möchtet ihr Gebote haben?" Die Franzosen baten um ein Muster. „Du sollst nicht ehebrechen" sagte Gott. Daraufhin lehnten die Franzosen dankbar ab. Dann traf Gott Moses, der bei dem Angebot die Frage stellte: „Was kostet denn eins?" „Die sind umsonst", antwortete Gott. „Dann nehme ich zehn", sagte Moses.

Frage dich:

Welche alten Gebote befolge ich immer noch, obwohl sie mittlerweile überflüssig geworden sind? An welchen selbst erschaffenen Regeln halte ich fest, obwohl sie mir nicht mehr guttun?

Zurzeit ist das Thema „Achtsamkeit" voll im Trend. Viele Ratgeber beschäftigen sich mit diesem Thema. Achtsam essen, achtsam in der Beziehung, achtsam im Job und so weiter und so fort. Dabei besteht die Gefahr, dass die Unbefangenheit verloren geht. Es sollte nicht passieren, dass man vor lauter Achtsamkeit nicht mehr laufen kann. Ich war beim Bundeskriminalamt zu einem Vortrag eingeladen. Einige Mitarbeiter hatten sich zu einem „Tag der Gesundheit" eingefunden. Als ich kam, schienen mir die Teilnehmer sehr bedrückt zu sein. Sie hatten offenbar ein schlechtes Gewissen, weil meine Vorrednerin sie auf die Unachtsamkeiten im Leben aufmerksam gemacht hatte. Den Kollegen war bewusst geworden, wie unachtsam sie aßen, gingen, sprachen und so weiter. Die Stimmung lockerte sich, als ich ihnen meine Interpretation von Achtsamkeit erklärte: Wahre Achtsamkeit bedeutet Wertschätzung. Im Sinne von: „Ich achte dich!" Und wie könnte man sein Leben besser wertschätzen, als durch das Empfinden unbändiger Freude? Und diese ist immer mit Risiko verbunden. Salopp gesagt: Wenn du ausgelassen auf dem Tisch tanzt, kann es schon mal vorkommen, dass ein Glas zu Bruch geht. Wer sein Leben mit Begeisterung lebt, kommt auch an der einen oder anderen Entschuldigung nicht vorbei. Die Augen eines achtsamen Menschen leuchten, man kann in ihnen Lebensfreude erkennen. Und Lebensfreude kann manchmal gefährlich sein.

Als ich im Jahr 2014 zusammen mit der Dalmanuta-Lehrerin Stefanie Schremmer[3], die seit vielen Jahren die angehenden Meditationslehrer in der Ausbildung coacht, nach Israel fliegen wollte, tobte dort der Gaza-Krieg. Täglich schoss die Hamas Raketen in Richtung Tel Aviv. Unsere Familien hatten Bedenken, ob wir die Reise heil überleben würden. Anderen wiederum machte das keine Sorgen: Jemand sagte beispielsweise zu mir: „Dir wird schon nichts passieren, du hast ja

---

[3] www.dalmanuta-prinzip.com

noch so viel vor." „Was ist denn mit denen, die im vergangenen Jahr gestorben sind, hatten die alle nichts mehr vor?", fragte ich zurück. „Und wenn ich im Flieger sitze und als einziger von hundert Passagieren noch Pläne für die Zukunft habe, bin ich dann vor einem Absturz gefeit, oder richtet sich das Schicksal nach der Mehrheit?" Darauf konnte mir dann niemand eine Antwort geben ... Ein anderer sagte: „Dir wird schon nichts passieren, du hast ja die Anbindung nach oben." Nun ja, hoffentlich ist die Sehnsucht von denen da oben nach mir nicht so groß, dass sie mich ganz bei sich haben wollen, dachte ich.

Wir können uns niemals vollkommen sicher sein. Risiko gehört zum Leben dazu. Keine spirituelle oder weltliche Technik könnte uns in allen Lebensbereichen und total vor Unheil schützen. Wir sollten diese Tatsache nicht nur annehmen, sondern uns sogar damit anfreunden! Eine Freundschaft kann nie nur „teilweise" bestehen. Wir können beispielsweise nicht zu einem Menschen sagen: „Ich bin mit diesem Teil deines Selbst befreundet und mit anderen Teilen nicht." Entweder ist dieser Mensch mein Freund oder nicht. Ebenso verhält es sich mit der Freundschaft zum Leben. Das bedeutet nicht, alles Unangenehme und Traurige in unserem Leben schönzureden. Ebenso wie wir nicht die schönen Erfahrungen in unserem Leben schlechtreden sollten. Vielmehr geht es darum, sich voll und ganz, mit Haut und Haaren und ganzer Seele auf das Leben einzulassen. „Du sollst dein Leben lieben von ganzem Herzen, mit allen Kräften und mit all deinem Mut – und deinen Nächsten wie dich selbst!"

„Wie sähe dein Tag aus, wenn alles, was du tätest, ein Akt der Selbstliebe wäre?" Als mir vor etwas mehr als zwanzig Jahren diese

Frage gestellt wurde, konnte ich sie nicht beantworten. Das hat mich damals sehr erschreckt. Wie weit musste ich mich von mir entfernt haben, wenn ich noch nicht mal mehr wusste, was mir guttut? Mir wurde klar, dass ich wieder an den Anfang zurückmusste, mich wieder daran erinnern sollte, was ich als Kind gerne getan habe. Die emotionale Erinnerung an meine Kindheit war ein Wendepunkt in meinem Leben. In den Seminaren bei Christa berührte mich der kleine Peter Michael wieder. Dieser kleine Junge hatte sehr unter dem Gefühl des Minderwertes gelitten. Er war ein Träumer, empfand sich als Outsider und war furchtbar einsam. In einer Meditation wurde mir damals klar, dass ich einige Entscheidungen in meinem Leben getroffen habe, um diesen kleinen Jungen nicht mehr spüren zu müssen. Ich wollte Anerkennung spüren und das Gefühl haben, dazuzugehören. Auch deshalb habe ich wohl den Beruf des Polizisten gewählt. Ich hatte mehr oder weniger unbewusst Strategien entwickelt und im Laufe der Zeit perfektioniert, um nicht mehr das verletzbare Kind zu sein. Dabei hatte ich mich immer weiter von mir entfernt. Erst als die alten Gefühle der Kindheit wieder lebendig wurden, begann mein Rückweg zur mir selbst.

Jemand sagte einmal: „Wenn der Anfang stirbt, stirbt die Liebe." Diese Aussage gilt für Partnerschaften ebenso wie für die Selbstliebe.

„Was haben Sie an ihrem Partner gemocht, so sehr, dass Sie sich in ihn verliebt haben?", lautet eine gängige Frage in der Paartherapie. Es ist ein guter Rat an Lebenspartner in Krisenzeiten, sich immer wieder gegenseitig den Beginn ihrer Liebesbeziehung zu erzählen. „Weißt du noch ...?" Wir müssen den Anfang lebendig halten, um weiter lieben zu können.

Schwierig wird es, wenn bereits der Anfang verdorben ist. „Mein Bruder konnte nichts dafür", sagte eine Teilnehmerin. „Er war sechs Jahre älter als ich, er war der Erstgeborene. Meine Mutter starb bei meiner Geburt, nicht bei seiner. Oftmals vernahm ich: „Sie hätte niemals schwanger werden dürfen." Sie sprachen quasi unter vorgehaltener Hand und dachten, ich würde es nicht hören. Dabei hätten sie die Worte gar nicht aussprechen müssen, ich konnte sie an ihren Gesichtern ablesen. Mit diesem Gefühl, durch meine Geburt Schuld auf mich geladen zu haben, bin ich aufgewachsen."

Wie könnte ein Mensch sich für liebenswert halten, wenn er sich sogar schuldig dafür fühlt, dass er lebt? Wie könnte ein Mensch Freude am Leben spüren, wenn er sich nicht für würdig hält, überhaupt existent zu sein?

In solch einem Sinnzusammenhang verstehe ich mittlerweile den Satz: „Herr, ich bin es nicht würdig, dass du einkehrst unter mein Dach." In meinem ersten Reiki-Buch habe ich ihn zitiert, ohne ihn wirklich verstanden zu haben. Ich schrieb an dieser Stelle über meine Reiki-Lehrerin Christa:

„Der Raum, in dem Christa ihre Seminare abhielt, verfügte noch über ein altes buntes Kirchenfenster. Ansonsten hatte Christa mit der Kirche nicht viel am Hut. Dennoch ging sie ab und an sonntags in den katholischen Gottesdienst und wurde dort zum Schrecken der versammelten Gemeinde. An der Stelle in der Liturgie, an der es heißt:

„Herr, ich bin es nicht würdig, dass du einkehrst unter mein Dach", stand sie regelmäßig auf und rief: „Ich schon!" Dann wandte sie sich an die übrigen Besucher und fragte: „Sie etwa nicht?" Übertriebene Unterwürfigkeit war Christas Sache noch nie gewesen. Sie wusste: Gott wohnt in allen Menschen, und jeder ist seiner würdig." [4]

Ich fand diese Aktion von ihr richtig gut und erzählte oft davon. Doch ebenso wie sie hatte ich nie den zweiten Teil des Satzes vernommen: „... aber sprich nur ein Wort, und meine Seele wird gesund!" Die Botschaft lautet eben nicht, dass wir unwürdige Menschenkinder froh sein müssen, von Gott überhaupt beachtet zu werden, sondern vielmehr, dass wir uns würdig fühlen müssen, damit unsere Seele heilen kann. „Wie heißt dieses Wort?", habe ich mich eines Tages gefragt, als ich mich selbst abgeschnitten von der Liebe fühlte. Die Antwort kam prompt: Es lautet: „Ja!" Wir müssen „Ja" sagen zu unserem Leben, „Ja" sagen zu uns selbst, mit all unseren Stärken und Schwächen, Freuden und Sorgen. Wir müssen uns selbst ansehen und zu dem, was wir da sehen, „Ja" sagen! Das kann man üben. Zum Beispiel mit der folgenden Übung:

Setz dich aufrecht hin, schließe deine Augen.
Deine Handflächen sind offen und zeigen nach oben.
Dein Körper ist regungslos, nur dein Atem ist in Bewegung.
Mache dir bewusst, dass deine äußere Haltung deiner inneren Haltung
entspricht.

---

[4] Ich bin berührt – Reiki oder die Schule des Lebens. Goldmann Verlag 2008

Du bist aufrecht und offen. Du hast Hochachtung.
Hochachtung vor dem Leben. Hochachtung vor dir selbst.

Sage nun innerlich wie ein Mantra:
   „Ja!"
Sage es bedingungslos und kompromisslos.
   „Ja, Ja, Ja – das ist mein Leben und ich nehme es so an!"
Sage:
   „Ja" zu deinen Stärken und sage „Ja" zu deinen Schwächen.
Sage:
   „Ja" zu deinen Freuden und sage auch „Ja" zu deinen Sorgen.
Sage:
   „Ja" zu der Leichtigkeit und sage auch „Ja" zu dem, was derzeit schwer
   ist.

Du sitzt hier im Raum und es gibt das „da draußen".
Spüre die Verbindung zu all dem „da draußen".
Du bist ein Teil von diesem Ganzen.

Da draußen
   sind der Himmel, die Sonne, die Sterne und das Licht.
Da draußen
   sind das Wasser, das Meer, die Seen und die Flüsse.
Da draußen
   sind die Erde, die Bäume, die Pflanzen und die Tiere.

Es ist riskant und gefährlich mit dir zu leben

Mach dir bewusst,
  wie wertvoll das alles „da draußen" ist.
Mach dir bewusst,
  wie wertvoll der Himmel ist. Was wäre die Welt ohne Licht?
Mach dir bewusst,
  wie wertvoll Wasser ist. Was wäre die Welt ohne Wasser?
Mach dir bewusst,
  wie wertvoll die Erde, die Bäume, die Pflanzen und die Tiere sind.

Was wäre die Welt
  ohne das Gezwitscher der Vögel am Morgen?
Was wäre die Welt
  ohne all das „da draußen"?

Und mach dir bewusst,
  wie wertvoll es ist, dass du heute Morgen aufgewacht bist.
  Wie wertvoll es ist, dass du den heutigen Tag erlebst.
Mach dir bewusst,
  wie wertvoll dein Leben ist.
Mache dir bewusst,
  wie wertvoll du selbst bist.

Was wäre die Welt ohne dich?

Eine Einheit von Selbstliebe, Nächstenliebe und Vertrauen

Selbstliebe ist die höchste Form des Selbstwertgefühls. Und Nächstenliebe ist die höchste Form des Mitgefühls. Das eine bedingt das andere. Manchmal frage ich im Laufe eines Seminars in die Runde: „Wen liebt ihr mehr? Euch selbst oder andere?" Oft höre ich: „Na ja, ich liebe meine Eltern, meine Kinder, meinen Partner ... aber mich selbst?" Die Frage ist jedoch eine Fangfrage. Sie ist schlicht und einfach falsch, weil sie voraussetzt, Selbstliebe und Nächstenliebe seien zweierlei. Doch das trifft nicht zu. Gefühle sind immer in uns selbst. Und ebenso ist jedes Gefühl auf der Suche nach einem Adressaten im Außen. Der Ärger sucht sich einen Schuldigen und die Freude einen Teilhaber. Auch die Liebe will sich selbst verschenken. Das große Dilemma der Menschen ist, immer wieder die Liebe eines anderen spüren zu wollen und ebenso immer wieder festzustellen, dass das unmöglich ist. Wer versucht, Liebe von anderen zu erhalten, wird sie nicht in sich spüren. Die Liebe eines anderen kann keiner in sich fühlen. Jeder kann nur seine eigene Liebe spüren.

Schließe für einen Moment deine Augen und denke an jemanden, den du von ganzem Herzen liebst, egal, ob Mensch oder möglicherweise auch ein Tier. Verbinde dich in deiner Meditation mit diesem Wesen, indem du Bilder von ihm in dir hochsteigen lässt. Mache es unangestrengt, die

Eine Einheit von Selbstliebe, Nächstenliebe und Vertrauen

Bilder kommen von ganz alleine. Sei dir währenddessen bewusst: „Das, was ich jetzt in mir spüre, ist meine Liebe. "

Wer von sich sagt: „Ich liebe mich!" kann nicht unbedingt auf allgemeines Verständnis hoffen. Eine solche Aussage wird von manchen als arrogant bzw. egozentrisch bewertet. Dabei hat Selbstliebe nichts mit Überheblichkeit zu tun. Wahre Selbstliebe ist immer auf „gleicher Augenhöhe" mit allen anderen. Wer von oben herab auf andere schaut, ist weder klug noch liebevoll. Und wer sich klein macht und nach oben schaut, schätzt sich selbst und sein Leben zu gering.

Manche halten Selbstliebe für Egoismus. Dabei kann Egoismus sogar das Gegenteil von Selbstliebe sein. Das Selbst ist der Mensch in seiner Ganzheit. Sein Ego ist das Bild, das er von sich hat. Ein sich selbst liebender Mensch mag sich auch dann, wenn es mal schlecht läuft. Er liebt sich ganz, er liebt sich mit all seinen Stärken und Schwächen. Ein egoistischer Mensch mag sich nur dann, wenn er hat, was er will. Egoismus zielt auf das Selbstbild. Selbstbilder sind Rollen, mit denen sich Menschen identifizieren. Das Selbst aber ist mehr als das Bild, das der Mensch von sich hat. Die Liebe zu sich selbst ist immer größer als die Liebe zu seinem Ego. Das Ego ist die Maske vor dem Selbst. Egoismus ist das Aufpolieren der Maske, die schöner glänzen will als die Masken der anderen. Der Kollege, der im Job seine Ellenbogen ausfährt, um befördert zu werden, handelt nicht aus Liebe zu sich selbst, sondern versucht, seinem bestmöglichen Bild von sich zu entsprechen. Wenn er in sich das Bild des Teamleiters hat, wird er alles tun, um Teamleiter zu werden. Möglicherweise hat aber das Selbst andere Pläne als das Ego. Dann kann es ein Akt der Selbstliebe sein, sich von dem Wunsch, Teamleiter zu sein, zu verabschieden.

Das Selbstbild steht immer in Beziehung zu anderen. Wir sind Sohn und Tochter nur in Beziehung zu unseren Eltern, wir sind Vater und Mutter nur in Beziehung zu unseren Kindern, wir sind Mitarbeiter nur in Beziehung zu unseren Kollegen und so weiter. Aber all das sind wir nicht in Gänze. Egoismus betrifft immer die Liebe zu einer dieser Rollen. Selbstliebe hingegen ist die Liebe zu dem ganzen Selbst.

Ein geringes Selbstwertgefühl beruht immer auf einer falschen Vorstellung von sich selbst. Das Gleiche gilt für ein übersteigertes Selbstwertgefühl, das nichts anderes als eine Überkompensation des Mangels ist. Ich kann das beurteilen, weil ich selbst lange Zeit diese Strategie gewählt hatte. Vermutlich ist das einer der Gründe, warum ich Polizist geworden bin. Ich hoffte, dass das Land Nordrhein-Westfalen mir mit der Aushändigung einer Dienstmarke zugleich eine ordentliche Portion Selbstbewusstsein mitliefern würde. Und tatsächlich tauschte ich in der Folge mein mangelndes Selbstwertgefühl gegen ein übersteigertes ein. Später wurde mir klar, dass beides nicht meinem wahren Selbstwert entsprach.

Selbstliebe bedeutet allerdings nicht, sich nur noch um sich selbst zu drehen. Ein Mensch, der Liebe in sich hat, sollte wissen, wofür er sie verwenden möchte! Die Liebe vermehrt sich nur dann, wenn sie weitergegeben wird. Das Paradox der Liebe ist, dass nur der sie bekommt, der sie gibt. Wer auf das Nehmen aus ist, geht leer aus. „Was ist dein Projekt?", frage ich oft. Manchmal höre ich: „Ich muss mich jetzt erst einmal um mich kümmern." Mit solchen Statements bin ich nur zum Teil einverstanden. Unbestritten benötigen wir Auszeiten, in denen wir uns erholen dürfen, doch sollte die Erholung nicht zum Selbstzweck werden.

Nächstenliebe ist die Liebe, die durch uns fließt, wenn wir an einen Menschen denken, der uns am Herzen liegt. Jemand sagte: „In der Nähe dieses Menschen bin ich schwer verliebt in das Leben". Wir müssen uns auf andere Menschen einlassen, um uns selbst und das Leben lieben zu können. Wer das nicht kann, wird auf Dauer entweder zynisch oder verbittert. Das bedeutet nicht, dass wir jeden lieben müssen, diesen Anspruch könnte wohl niemand erfüllen, aber wir sollten das Mensch-Sein als solches mögen. Wer in jedem Menschen das Böse sieht, allen generell üble Absichten unterstellt, tut sich schwer mit Lebensfreude.

Der Meister der Liebe sprach zu seinen Schülern: „Liebe deinen Nächsten wie dich selbst. "
Die Schüler fragten: „Meister, wie geht das? Wie kann ich es schaffen, mich selbst zu lieben? Was ist Selbstliebe?

Der Meister antwortete:
„Selbstliebe ist, wenn du in deinen Augen die Schönheit des Lebens erkennen kannst.
Selbstliebe ist, wenn du in deinen Augen die Ewigkeit erkennen kannst.
Selbstliebe ist, wenn du in deinen Augen deine Einzigartigkeit erkennen kannst.
Selbstliebe ist, wenn du dich in deinen Augen so akzeptieren kannst, wie du bist.

Eine Einheit von Selbstliebe, Nächstenliebe und Vertrauen

Selbstliebe ist,

wenn du in deinen Augen Hoffnung erkennen kannst.

wenn du in deinen Augen Sanftheit erkennen kannst.

wenn du in deinen Augen Freude erkennen kannst.

wenn du in deinen Augen Mitgefühl erkennen kannst.

wenn du in deinen Augen das Göttliche erkennen kannst. "

Der Meister der Liebe sprach zu seinen Schülern:

„Liebe deinen Nächsten wie dich selbst. "

Die Schüler fragten:

„Meister, wie geht das? Wie kann ich es schaffen, meinen Nächsten zu lieben? Was ist Nächstenliebe?

Der Meister antwortete:

Nächstenliebe ist, wenn du in den Augen eines anderen dich selbst erkennen kannst. "

Anfang der 1980er Jahre unterrichtete ein Kriminaldirektor in der Fachhochschule Köln die Fächer Einsatzlehre und Kriminalistik. Einmal im Jahr um die Weihnachtszeit belächelten wir angehenden Kriminalkommissare diesen Mann, der einen guten Ruf als Leiter der Mordkommission erlangt hatte. Dann vermittelte er seinen Klassen nämlich nicht den vorgesehen Lehrstoff, sondern hielt flammende Reden zum Thema „Menschlichkeit". Er appellierte an uns, dass wir während unserer zukünftigen Berufslaufbahn niemals das „Mensch-Sein" vergessen sollten. Auch wenn es manchmal hart werden würde, wir schlimme Dinge als Polizisten sehen und oftmals mit üblen Straftätern konfrontiert sein würden, sollten wir in all unseren Entscheidungen human bleiben. „Bleibt Mensch!", lautete seine Botschaft. Ich habe diesen Mann erst viele Jahre später verstanden. Auch ich war im Laufe der Zeit zynisch geworden, bis ich begriff, dass Zynismus Humor ohne Liebe ist.

Früher habe ich geglaubt, dass man erst lernen muss, sich selbst zu lieben, bevor man andere lieben kann. Heute weiß ich, dass es sich umgekehrt verhält. Wir brauchen die anderen, um Liebe zu uns selbst zu spüren. Alleine schaffen wir es nicht. Ich erinnere mich an einen erfolgreichen Manager, der sehr kopflastig war. Eines Tages, während eines Segeltörns, sah er Delphine im offenen Meer. Er erzählte, wie ihm bei diesem Anblick die Tränen in die Augen schossen. „Es durchströmte mich das intensivste Gefühl der Liebe, das ich je in mir gespürt habe", sagte er. Die Delphine waren in diesem Sinne seine Nächsten, die sein Herz für die Liebe öffneten. Das Gleiche können wir erleben, wenn wir in die Augen eines anderen Wesens schauen, beispielsweise eines Kindes. Der Satz: „Liebe deinen Nächsten wie dich selbst ..." beginnt mit dem Nächsten.

Ab und an höre ich: „Ich weiß ja, dass ich alle Menschen lieben soll, aber ich schaffe das noch nicht." Immer fiel dieser Satz im Kontext einer Erzählung über etwas Ärgerliches, das der Betreffende mit einem anderen Menschen erlebt hatte. Generelle Verhaltens- und Handlungsempfehlungen wie „Wenn dich einer beschimpft, hab ihn trotzdem lieb" führen mehr zu Schuldgefühlen, wenn man es nicht schafft, als zur inneren Befreiung. Jemand berichtete mir von einem Nachbarn in seinem Haus, der ihn ständig aufs Übelste beleidigte und nachts durch

Lärm terrorisierte. Ich gab ihm den Rat, sich eine neue Wohnung zu suchen und umzuziehen.

„Aber das wäre eine Flucht vor mir selbst, schließlich ist mein Nachbar doch ein Spiegel meiner selbst", sagte er.

„Wo hast du das denn her?", fragte ich.

„Aus einem deiner Bücher", antwortete er.

Nun ja, es mag sein, dass ich es irgendwo geschrieben habe, aber ich habe bestimmt nirgendwo geschrieben, dass man sich von einem Spiegel terrorisieren lassen sollte ...

Manche Probleme kann man nicht einfach „weglieben" oder - meditieren. Oft kann das innere Dilemma nur dadurch aufgelöst werden, dass man zur richtigen Zeit das Richtige tut. Es gibt Situationen im Leben, in denen man – bildlich gesprochen – mit der Faust auf den Tisch hauen muss. Ich stimme meinem Gesprächspartner mit der üblen Nachbarschaft jedoch in der Hinsicht zu, dass es durchaus Schwierigkeiten im Außen gibt, die ein Spiegelbild des inneren Zustands sind.

Letztendlich strahlt der Mensch sein Inneres nach außen aus. Salopp gesagt: Wer in sich den Film eines Westerns eingelegt hat, braucht sich über die schießwütigen Cowboys auf der Leinwand seines Lebens nicht zu wundern. In diesen Fällen erledigt sich das Thema erst, wenn die problematische Filmrolle gegen eine unproblematische ausgewechselt worden ist.

Die Regiezentrale, in der die Entscheidung über die inneren und somit äußeren Filme getroffen wird, hat ihren Sitz nicht im Kopf, sondern im Herzen. Oftmals versuchen wir, ein Problem mit unseren Gedanken zu lösen. Viele Ratgeber vermitteln sogar, dass die Gedanken über unser Leben bestimmen. Ich sehe das anders. Es sind nicht die Gedanken, sondern vielmehr die Gefühle, mit denen wir unsere Realitäten erschaffen. Oft verfügen wir über die gedankliche Einsicht, was wir ändern könnten beziehungsweise ändern sollten. Die Einsicht allein genügt jedoch nicht. Die Einsicht muss zum Entschluss, und der Entschluss muss zur Tat werden. Tatkraft geht über die Idee hinaus. Die Idee muss zur Herzensangelegenheit reifen. Gedanken sind leicht, sodass sie auf dem Weg zum Herzen oft verfliegen. Dalmanuta-Lehrer halten sich in ihrer Arbeit nicht lange bei den Gedanken auf, sondern setzen direkt bei den Gefühlen an.

Frag dich:

> *Was ist zurzeit mein größtes Problem? Und dann frage dich, ob Liebe helfen kann.*

Frag dich:

> *Mit wem habe ich momentan Schwierigkeiten? Und dann frage dich, ob Liebe helfen kann.*

Frag dich:

> *Was muss ich derzeit machen, was ich nicht so gern mache? Und dann frag dich, ob Liebe helfen kann.*

Frag dich:

> *Was würde ich gern verändern in meinem Leben? Und dann frag dich, ob Liebe helfen kann?*

Frag dich:

> *Wovor habe ich Angst? Und dann frag dich, ob Liebe helfen kann?*

Eine Einheit von Selbstliebe, Nächstenliebe und Vertrauen

Liebe braucht Vertrauen. Es fällt schwer, einen Menschen zu lieben und ihm gleichzeitig zu misstrauen. Somit ist auch das Selbstvertrauen wichtige Voraussetzung für die Selbstliebe. Selbstvertrauen ist das Vertrauen in die eigenen Entscheidungen. Ich vertraue darauf, dass die Entscheidungen, die ich in der Vergangenheit getroffen habe, okay für mich waren. Ich vertraue darauf, dass die Entscheidungen, die ich jetzt und in der Zukunft treffe bzw. treffen werde, gut für mich sein werden. Selbstvertrauen ist das Gefühl: „Ich kann mich auf mich verlassen! Ich werde da sein, wenn ich mich selbst brauche!" Manchmal hilft auch dieses kleine Mantra, um sein Selbstvertrauen zu stärken: „Ich will – Ich kann – Ich darf!" Insbesondere in Situationen oder Momenten, in denen wir mit uns selbst hadern bzw. an uns selbst zweifeln, ist es ein guter Tipp, einen strammen Spaziergang zu machen und dabei dieses Mantra in Gedanken (oder auch gesprochen) zu wiederholen.

Ohne Vertrauen könnten wir nicht leben. Das (Ur-) Vertrauen ist das Fundament unseres Lebens. Ohne ein Grundvertrauen können wir keine Freude an unserem Leben haben. Ohne Ängste und Zweifel jedoch könnten wir ebenfalls nicht (über-)leben. Beide haben eine wichtige Funktion. Die Angst macht uns weicher, sodass uns das Leben formen kann und wir uns verändern können. Der Zweifel konfrontiert uns mit der Frage nach unserer aktuellen Wahrheit. Wir werden also niemals völlig angstfrei und ohne Zweifel leben können. Angst und Zweifel gehören zum Leben dazu wie Ebbe und Flut zum Ozean. Aber wir können lernen, uns von unseren Ängsten und Zweifeln nicht knebeln zu lassen. Vertrauen ist eine Schwingung, eine Qualität jenseits von Hoffnung und Sicherheit. Deshalb können wir Vertrauen nicht dauerhaft in uns bewahren, wir können die Qualität nicht halten, da wir sie weder nach vorne an ein Ziel anbinden noch auf einem Grund, auf einem Boden unter uns festmachen können. Vertrauen auf ein bestimmtes Ziel ist kein Vertrauen. „Ich vertraue darauf, dass es gut werden wird" ist kein Vertrauen, sondern eine Hoffnung beziehungsweise Erwartung. Und Vertrauen mit Grund: „Ich kann vertrauen, weil ich weiß ..." wäre kein Vertrauen sondern Sicherheit. Doch wer sich sicher ist, braucht nicht zu vertrauen: Er weiß! Vertrauen jedoch bedeutet immer, ein Risiko einzugehen. Vertrauen ist immer haltlos. Es hat keinen Anker und kein Fundament. Vertrauen hat kein Ziel und keinen Grund. So wie das Licht die Dunkelheit braucht, um leuchten zu können, und so, wie die Sehnsucht das Unerreichbare braucht, um Sehnsucht sein zu können, so braucht das Vertrauen die Ungewissheit.

Nimm dich selbst an die Hand und schließe deine Augen.

Mach dir bewusst, dass mit diesen Händen einst ein Baby fühlte.

Später waren es die Hände des Teenagers, zu dem du herangewachsen warst.

Und heute fühlst du als Erwachsener mit diesen Händen.

In all den Jahren hast du dich verändert und fühlst immer noch.

Was aus dir geworden ist, wie du heute denkst, wie du heute fühlst, wie du heute bist, war für dich als Baby nicht vorhersagbar.

Was aus dir geworden ist, wie du heute denkst, wie du heute fühlst, wie du heute bist, war für dich als Teenager nicht vorhersagbar.

Und obwohl es für dich nie vorhersagbar war, konntest du vertrauen.

Du konntest vertrauen, dass du der Mensch wirst, der du heute bist!

*Und genauso kannst du darauf vertrauen, dass du auch in der Zukunft mit
diesen Händen fühlen wirst.
Du kannst vertrauen, dass du zu dem Menschen werden wirst, der du dann
in der Zukunft bist.*

Die Liebe ist keine Gabe, die wir einfordern könnten. Sie ist kein
Lohn für eine Leistung. Wir können uns die Liebe nicht verdienen, sie
wird uns geschenkt. In den Armen eines geliebten Menschen fühlen
wir uns geborgen. Wir spüren Sicherheit. Doch können wir uns die
Liebe eines Menschen nicht sichern, sie beruht auf seiner Freiwilligkeit, auf die wir vertrauen müssen. Wir können Liebe weder erzwin-
gen noch kontrollieren. Sobald ein Partner beginnt, die Liebe des anderen kontrollieren zu wollen, stirbt die Liebe.

Die Liebe dient weder einem Zweck, noch hat sie ein Ziel. Liebe ist
nicht ergebnisorientiert. Unser Verstand kann nicht beschließen, jemanden aus diesen oder jenen Gründen oder zu diesem oder jenem
Zweck zu lieben. Wir können die Liebe zu einem anderen in uns zu-
lassen oder unterdrücken, beides ist möglich, jedoch nur dann, wenn
die Liebe zu diesem Menschen in uns gewachsen ist. Liebe aus Gründen der Vernunft zu empfinden ist nicht möglich. Das ist beispielsweise das Dilemma von Menschen, die zwar ihre Eltern lieben wollen,
diese Liebe aber nicht spüren können. Ebenso wenig kann der Verstand beschließen, jemanden nicht zu lieben. Das Gleiche gilt auch für
die Liebe zu uns selbst: Auch die Selbstliebe kann nicht vom Verstand
beschlossen oder entschieden werden. Nach dem Motto: „Bislang

konnte ich mich nicht ausstehen, nun aber beschließe ich, dass ich mich ab jetzt gut leiden mag." Auch die Selbstliebe muss in uns wachsen.

In meinen Seminaren stelle ich manchmal die Frage: „Kannst du einen Menschen lieben, ohne ihm zu vertrauen? Ist das möglich?" Immer wieder antworten Teilnehmer auf diese Frage mit „Ja". Meistens jedoch verwechseln sie dabei den Begriff „Vertrauen" mit „Erwartung". Selbstverständlich können wir einen Menschen lieben, ohne bestimmte Erwartungen an ihn zu haben. So können wir beispielsweise unsere Kinder lieben, ohne zu erwarten oder – anders formuliert – darauf zu vertrauen, dass sie immer ihre Hausaufgaben machen. Ebenso können wir unseren Lebenspartner lieben, ohne zu erwarten (darauf zu vertrauen), dass er mit dem Rauchen aufhört. Vertrauen hat jedoch nichts mit Erwartungen zu tun. Manche Erwartungen beruhen sogar mehr auf Misstrauen als auf Vertrauen. Erwartungen sind Gedanken und Vorstellungen des Verstandes darüber, was zu uns kommen soll. Entweder denken wir, dass uns etwas zusteht, oder aber, dass wir es für unser Wohlbefinden brauchen. Vertrauen hingegen besteht nicht aus Gedanken oder Vorstellungen, sondern ist vielmehr ein Gefühl der Verbindung. Wenn ich einem Menschen vertraue, fühle ich mich mit ihm verbunden, und wenn ich dem Göttlichen vertraue, fühle ich mich dem Göttlichen verbunden.

Für die Ja-Sager formuliere ich die Frage anschließend anders: „Kannst du einen Menschen lieben und ihm misstrauen?" Dann kommt das „Ja" schon etwas zögerlicher. Misstrauen zerstört das Gefühl der Verbindung.

Vertrauen ist das Fundament einer jeden Partnerschaft. Das Vertrauen muss in die Beziehung eingebracht werden, was voraussetzt, dass beide Partner Vertrauen aufbringen. Wer selbst kein Vertrauen in sich und demzufolge zu sich selbst hat, kann es anderen nicht schenken. Es gibt in Lebenspartnerschaften drei Möglichkeiten.

Die erste Möglichkeit ist, dass einer der beiden Partner über Selbstvertrauen verfügt und der andere nicht. Diese Partnerschaften sind immer problematisch, zumindest für den Letztgenannten. Der eine, der mit Selbstvertrauen, erlaubt und traut sich mehr als der andere. Er bestimmt die Richtung, während der zweite, ohne Selbstvertrauen, ständig in dem Kopf des Partners herumturnt und sich fragt, was dieser gerade möchte. Der erste lebt Selbstbewusstsein, der zweite lebt Pflichtbewusstsein. Dieser Zustand dauert so lange an, bis der Pflichtbewusste eigenes Selbstvertrauen entwickelt oder aber, im schlechtesten Fall, resigniert.

Die zweite Möglichkeit ist, dass weder der eine noch der andere Partner Selbstvertrauen empfinden. Diese Partnerschaften sind nicht nur problematisch, sondern können höchst dramatisch, wenn nicht sogar katastrophal verlaufen. Beide suchen in dem anderen Vertrauen und Anerkennung. Die Suche wird jedoch vergeblich sein, weil der andere ebenso wenig Vertrauen und Anerkennung in sich spürt. Bis man das erkennt, wird weiter mit Eifer gesucht.

Die dritte Möglichkeit hat erfahrungsgemäß die besten Chancen: Beide Partner verfügen über Selbstvertrauen. Diese Beziehungen sind nicht immer ohne Probleme, aber stets auf gleicher Augenhöhe.

Eifersucht hingegen fordert Liebe ein und will sie kontrollieren. Eifersüchtige Menschen glauben, das Fundament ihrer Eifersucht sei die Liebe zu dem anderen. In Wahrheit ist das Fundament ihrer Eifersucht nicht Liebe, sondern Misstrauen. Liebe kann in einer Atmosphäre des Misstrauens nicht existieren. Entweder spüre ich Liebe oder Misstrauen, beides zugleich ist nicht möglich.

Der Eifersüchtige erreicht mit seinem Misstrauen das Gegenteil von dem, was er eigentlich will. Er möchte genau die Liebe erfahren, die er durch sein Misstrauen verletzt. Der Eifersüchtige will Liebesbeweise. Wie aber könnte man Liebe beweisen? Welche Kriterien zeichnen sie aus? Der Eifersüchtige glaubt, die Kriterien zu kennen. Es sind die Kriterien, die er aus seiner Angst vor Verlust selbst aufgestellt hat. Sein Vorwurf lautet: „Wenn du so handelst, liebst du mich nicht." Dabei achtet der Eifersüchtige nur auf die Liebe des anderen. Die Liebe in sich vernachlässigt er. Das Gefühl der Eifersucht hält er für Liebe. Dabei fühlt er sich zutiefst ungeliebt, und je stärker dieses Gefühl in ihm wird, desto eifriger sucht er die Liebe in dem anderen. Es ist ein Teufelskreis, der manchmal tragisch endet.

Liebe braucht eine Atmosphäre der Freiwilligkeit und des Vertrauens. Vertrauen kommt ohne Beweise aus. Vertrauen „mit Beweis" ist kein reines Vertrauen. Reines Vertrauen geht über Begründungen, Erwartungen und Hoffnungen hinaus. Vertrauen auf und Vertrauen, weil bleiben an der Oberfläche, reines Vertrauen geht tiefer. Es kann erst dann entstehen, wenn sich alle Konzepte des Verstandes als haltlos erwiesen haben. »Mein Gott, warum hast du mich verlassen«, sprach Jesus im Moment größter Hoffnungslosigkeit. All seine Vorstellungen waren zerstört. Nichts gab ihm mehr Halt, er war ganz auf sich allein gestellt. In diesem Moment gab es für ihn keinen Gott und keine Zukunft mehr. Ihm blieb nur die Kapitulation. Kapitulation ist die totale Akzeptanz. Sie ist das Fundament des reinen Vertrauens.

Der Wahlspruch meines Vaters lautet: „Ich kann niemals tiefer fallen, als in die Arme meines Schöpfers." Menschen, die das totale Vertrauen in sich spüren, haben zumeist genau das erlebt. Sie waren in Situationen, in denen es vermeintlich keine Hoffnung gab. Es gab nichts, worauf und nichts weswegen sie hoffen konnten. Sie befanden sich im freien Fall, kapitulierten und wurden dennoch aufgefangen.

Das innere Wow
und die Suche nach Gott

Im April 2015 begegnete ich Sven Phillips zum ersten Mal. Nach einem Vortrag in der Nikolai Kirche in Oldenburg kam er zu mir, kniff mir in die Wange und sagte: „Wir kennen uns!" Ich war verblüfft. „Wer ist dieser Typ und wie kann er bloß ...?", fragte ich mich. Nicht einmal Menschen, die mir nahestehen, würden es wagen, mich auf diese Weise anzufassen, schon gar nicht ungefragt. Und diesen Mann sah ich heute zum ersten Mal. „Bist du ein Bulle, oder was?", fragte ich ihn. Vielleicht waren wir uns früher einmal in einem Einsatz begegnet, ohne dass ich mich daran erinnern konnte, dachte ich. In meiner aktiven Zeit beim Mobilen Einsatzkommando und später dann bei der Zielfahndung des Landeskriminalamts war ich weit herumgekommen und hatte mit vielen Kollegen Kontakt gehabt. Doch das war lange her. Sven schüttelte den Kopf. „Wir kennen uns vom See", sagte er. Ich hatte zuvor bei meinem Vortrag von Dalmanuta, der Stelle am See Genezareth, gesprochen. Vermutlich meint er den, dachte ich. „Warst du schon mal in Israel?", fragte ich? „In diesem Leben nicht", sagte er, drehte sich um und ging.

Auch wenn ich Sven Phillips anschließend nie mehr gesehen hätte, vergessen hätte ich ihn auf keinen Fall. Nicht nur wegen dem Wangenkniff. Er fiel auch durch sein Äußeres auf. Er trug einen imposanten, gezwirbelten Schnurrbart. Seine Augen leuchteten. Er berührte die Herzen, mit seinen Augen, seinen Worten und, wie ich am eigenen Leib erfahren hatte, manchmal auch mit seinen Händen. Wer einmal mit ihm gesprochen hatte, vergaß ihn nicht mehr. Glücklicherweise sahen wir uns wieder. Eine Woche nach meinem Vortrag meldete er sich per Mail bei mir, und wir verabredeten uns zu einem Spaziergang am Nordseestrand. Zweieinhalb Stunden liefen wir nebeneinander her. Ohne Punkt und Komma erzählte mir Sven seine Geschichte, er beschrieb seinen Lebensweg und seine innere Entwicklung:

„Es ist noch gar nicht so lange her, als ich begann, eine ganz besondere innere Freundschaft zu schließen. Es war auf einer meiner Weiterbildungsveranstaltungen. Wir sahen einen Film, der mir auf sehr anschauliche Weise klarmachte, warum ich eigentlich seit Jahren so funktioniere, wie ich so funktioniert habe. Ich lernte aus dem Film die Entstehungen der Einbahnstraßen in meinem Kopf. Ich lernte, warum ich immer wieder den gleichen Weg eingeschlagen habe, warum ich immer wieder die gleichen „Fehler" machte, warum ich nicht von der Stelle kam. Ich erkannte, dass ich gar nicht anders konnte. Die Autobahnen in meinem Kopf waren mit so tiefen Spurrillen versehen, dass es ohne mein bewusstes Dazutun keine Chance gab, die Strecke vorzeitig an der nächsten Ausfahrt zu verlassen. Mir wurde klar, dass nur selbstbewusstes Ändern der Streckenführung, also der Bau einer ganz neuen A7 in meinen Hirnwindungen, hier Abhilfe schaffen könnte." [5]

Für die Beschreibung seines Lebensweges wäre statt der Autobahn das Bild der Achterbahn passender gewesen. Sven kannte „das ganz

---

[5] Originaltext Sven auf der damaligen Website

oben" ebenso wie „das ganz unten". Sein berufliches wie privates Leben bestand aus dem ständigen Wechsel zwischen grandiosen Erfolg und totalem Scheitern. Er hatte mehrere Berufe ausgeübt, war mal angestellt und mal selbstständig gewesen, hatte finanzielle Sicherheit und Sorgenfreiheit wie auch Konkurs und Insolvenz durchlebt. Er hatte mehrere intensive Partnerschaften geführt, eine Familie gegründet und anschließend verlassen. Er hatte in seinem Leben viel aufgebaut und wieder zerstört, materiell wie emotional. Sven war voller Ideen und Kreativität, war immer bereit, etwas Neues zu lernen und zu beginnen und dafür den Preis des Alten zu zahlen, auch wenn dieser Preis für ihn und oftmals auch für andere teuer war. Nun war er als Coach und Seminarleiter unterwegs, war Dozent und Naturpädagoge. Er liebte die Natur, das Leben, und vor allem liebte er die Menschen. Über niemanden verlor er ein böses Wort, er sah in allen nur das Gute. Wobei Sven das Wort „gut" nicht gerne benutzte. Er hielt es für eine Sprechblase, oftmals einfach nur so daher gesagt. Er benutzte stattdessen das Wort „schön". Als ich ihm zum Beispiel meine Ideen für eines unserer Projekte im Rahmen des Dalmanuta-Prinzips vorstellte, sagte er: „Das klingt schön!"

Als Sven im April 2016 bei uns die Ausbildung zum Meditations- und Reiki-Lehrer begann, kannte er bereits seine Krankheitsdiagnose. Die Heilungsaussichten waren äußerst gering. Niemals jedoch hörte man ihn klagen, das Gegenteil war der Fall. Er war zuversichtlich und voller Vertrauen. Das bedeutete nicht, dass er sich nicht über den Ernst der Lage im Klaren war, er machte weder sich noch anderen etwas vor. Doch Sven trennte nicht zwischen Leben und Tod, zwischen Diesseits und Jenseits. Er wusste: „Alles, was ist" fließt in einen einzigen Raum-Zeitpunkt zusammen: „Alles, was ist" fließt ewig und überall ins Hier und Jetzt.

Im Rahmen der Ausbildung haben die angehenden Lehrer die Möglichkeit, mit mir zusammen im Team ein viertägiges Reiki-Intensiv-Seminar zu leiten. Diese Aufgabe ist für die Lehrer sehr erfüllend, aber auch anstrengend. Sven konnte aufgrund seiner Krankheit während der vier Tage nichts essen, doch wenn ich ihn fragte: „Wie geht es dir?" antwortete er: „Mir geht es schön!" Er war in jeder Minute voller Lebensfreude. Er sprudelte vor Ideen und machte Pläne für die Zukunft. Dennoch hatte er keinerlei Ansprüche oder Erwartungen. Seine innere Einstellung war: „Es ist, wie es ist!" Bis zum letzten Tag seines Lebens.

Svens Botschaft war das „WOW", das jeder Mensch in sich spüren sollte. Einzig und allein darum ginge es im Leben, sagte er: „Alles, was ich bisher gefühlt habe, war nur ein schwacher Abglanz dieses WOW. Alles, wonach ich in meinem Leben gestrebt habe, war nichts im Vergleich zu diesem WOW!"

Das „innere WOW" kann man nicht auf Kommando erzeugen. Man kann sich auch nicht dafür entscheiden. Man kann es nicht erdenken, es ist ein Gefühl. Doch wie komme ich an dieses Gefühl? Steht dieses Gefühl am Ende eines langen Prozesses, oder kommt es plötzlich in einem unerwarteten Moment? Kann ich zu diesem Gefühl gelangen, oder gelangt es zu mir? Und wenn das WOW da ist, bleibt es oder verschwindet es wieder? Einfacher ist die Frage zu beantworten, was dieses WOW-Gefühl verhindert: Zu viel Kontrolle, zu viel „sich Gedanken um" machen.

Sven nannte den Verstand „Ego(n)". Egon sei verantwortlich für die Kontrollstrategien, die das „Wow"-Gefühl blockierten. Doch was können wir schon wahrhaft kontrollieren in unserem Leben? Können wir etwas dafür tun, dass jeden Morgen die Sonne aufgeht? Ohne die Sonne, ohne das Licht gäbe es kein Leben auf der Erde. Ohne die Sonne, ohne das Licht gäbe es auch uns nicht. Aber können wir das Licht der Sonne kontrollieren? Konnten wir kontrollieren, dass wir auf diese Welt gekommen sind, dass wir geboren wurden? Können wir kontrollieren, wann und auf welche Weise wir eines Tages sterben werden? Das Wesentliche im Leben entzieht sich unserer Kontrolle!

Wir können nicht (alles) kontrollieren, aber wir können lieben und vertrauen!

Setz dich aufrecht und gerade hin und schließe deine Augen. Achte auf dein Ein- und dein Ausatmen. Beim Einatmen denke: „Ich liebe mich", beim Ausatmen denke „Ich vertraue mir."

Durch Svens Tod wurde mir wieder sehr bewusst, dass das Leben nicht nur ein großes Mysterium, sondern auch ein Geschenk ist, welches man sich weder durch Leistung verdienen noch erkaufen kann. Ich bekomme es jeden Tag aufs Neue geschenkt und darf mich daran erfreuen. Ich sollte dieses Geschenk wertschätzen, indem ich achtsam mit ihm umgehe. Achtsam mit einem Geschenk umgehen heißt, es seiner Bestimmung zuzuführen. Wenn ich beispielsweise eine schöne Vase geschenkt bekomme, und diese achtlos in den Keller werfe, kann die Vase ihre Bestimmung nicht erfüllen. Meine Wertschätzung ihr gegenüber zeige ich, indem ich einen schönen Blumenstrauß hinein-stelle. Wenn ich einen Kochtopf geschenkt bekomme und diesen acht-los in die hinterste Ecke des Küchenschranks verfrachte, kann der Topf seinen Auftrag nicht erfüllen. Wenn ich ihn aber dafür nutze, um ein leckeres Essen herzurichten, zeige ich ihm meine Wertschätzung. Ebenso verhält es sich mit dem Geschenk des Lebens. Das Leben ist Schöpferkraft, seine Bestimmung ist das Erschaffen. Meine Wertschät-zung zeige ich durch meine Kreativität.

Die Wertschätzung des Lebens ist das höchste spirituelle Ziel. Jede meditative beziehungsweise spirituelle Praxis, die nicht dazu dient, in den Menschen das Licht der Lebensfreude wieder anzufachen, ist nutz-los. Jeder Gottesdienst, der nicht darauf ausgerichtet ist, in den Men-schen wieder Glaube, Hoffnung und Liebe zu erschaffen, ist für die Katz. Viele suchen in der Spiritualität einen Ausweg beziehungsweise Schutz vor den Ungewissheiten des Lebens. Aber das Leben schert sich nicht darum, welche Disziplin ich da gerade aufführe.

Als es mir vor einiger Zeit für einige Tage emotional nicht gutging, oder, wie es Sven gesagt hätte, ich mich nicht schön fühlte, hörte ich während meiner morgendlichen Meditation meine innere Stimme:

Stelle dir in den nächsten Tagen drei Fragen:

„Was will ich bewahren?

Was will ich verbessern?

Was will ich erschaffen?"

Drei Fragen, die zur Klarheit führen. Dazu reicht es aus, die Fragen ein paar Tage einfach nur in sich wirken zu lassen. Die Antworten kommen aus dem Herzen, nicht (allein) aus dem Verstand. Alle drei Fragen sind gleichberechtigt, keine hat Priorität, keine der drei darf unbeantwortet bleiben. Ich darf nicht nur auf das Bewahren aus sein, jegliche Veränderung in meinem Leben scheuen. Ich darf auch nicht nur auf das Verbessern aus sein, muss manchmal auch die Situation so akzeptieren, wie sie ist. Und wenn ich ohne Achtsamkeit auf das Vorhandene immer nur neue Ideen produziere, baue ich Luftschlösser ohne Fundament.

Meine persönlichen Antworten damals lauteten: Bewahren will ich meine Partnerschaft, meine Wohnung, meine Arbeit mit den Menschen. Verbessern will ich meine körperliche Fitness, meine Dankbarkeit und mein Mitgefühl für andere. Und erschaffen will ich die Meditationsreisen mit „meinen" Lehrern nach Israel.

Jedes Jahr im August reisen nun jeweils sechzehn Dalmanuta-Meditationslehrer nach Israel. Bevor wir an den See Genezareth fahren, halten wir uns für drei Tage in Jerusalem auf. Dort übernachten wir im Gästehaus St. Charles, welches von christlichen Nonnen des Ordens der Borromäerinnen geführt wird. Die Frauen betreiben auf dem Klostergelände auch einen Kindergarten für hundertvierzig palästinische Kinder, die sie in Deutsch, Englisch und ihrer Muttersprache, dem palästinensischen Arabisch, unterrichten. In Israel müssen Kinder bei der Einschulung bereits Rechnen, Schreiben und Lesen können. Für diese Basics sind dort die Kindergärten zuständig.

Die Grundlagen für Selbstwert- und Mitgefühl werden im Kindesalter gelegt. Je früher damit angefangen wird, desto besser. „Kinder lernen, was sie leben ...“

„Wenn ein Kind mit Kritik lebt, lernt es zu verurteilen.
Wenn ein Kind mit Feindschaft lebt, lernt es zu kämpfen.
Wenn ein Kind mit Spott lebt, lernt es schüchtern zu sein.
Wenn ein Kind mit Scham lebt, lernt es sich schuldig zu fühlen.
Wenn ein Kind mit Toleranz lebt, lernt es geduldig zu sein.
Wenn ein Kind mit Ermutigung lebt, lernt es Vertrauen.
Wenn ein Kind mit Lob lebt, lernt es wert zu schätzen.
Wenn ein Kind mit Fairness lebt, lernt es Gerechtigkeit.
Wenn ein Kind mit Sicherheit lebt, lernt es Glauben.
Wenn ein Kind mit Zustimmung lebt, lernt es sich selbst zu mögen.
Wenn ein Kind mit Annahme und Freundschaft lebt, lernt es, Liebe in der Welt zu finden.“

Diese Leitsätze findet man im Eingangsbereich des St. Charles Kindergartens, den wir mittlerweile durch einen Förderverein unterstützen. Die Herausforderungen sind enorm. Jedes Jahr erteilt zum Beispiel das israelische Erziehungsministerium neue Auflagen, die die Nonnen erfüllen müssen, um den Kindergarten weiter betreiben zu dürfen. Diese staatlichen Weisungen im Rahmen der Lizensierung sind nicht immer leicht umzusetzen und manchmal auch sehr kostenintensiv. Ohne Spenden von außen läuft da nichts.

Das Pensum der Ordensschwestern ist beachtlich. Ich durfte feststellen, dass meine bisherige Vorstellung, die ich mir von Nonnen „im Allgemeinen“ gemacht hatte, unzutreffend war. Diese Frauen in Jerusalem stehen mitten im Leben. Schwester Gabriela Zinkl zum Beispiel ist Doktor der Theologie. An der Universität lehrt sie Studenten katholisches Kirchenrecht, im Kindergarten bringt sie spielerisch drei- bis fünfjährigen Mädchen und Jungen Deutsch und Englisch bei, im Gästehaus managt sie die Rezeption und bedient während der Mahlzeiten die Pilger im Speisesaal. Neben vielen anderen Aufgaben, die dort anfallen.

Schwester Daniela Gabor ist als Oberin verantwortlich für „den Laden". Sie stammt aus Rumänien. Den Entschluss, Nonne zu werden, fasste sie auf dem Berg Caraiman:

„Ich war zwanzig Jahre alt und hatte klare Vorstellungen von meiner Zukunft. Ich wollte heiraten und Mutter werden. Ich hatte einen festen Freund und die Eheringe schon in der Tasche. Nun stand ich auf diesem Berg und war überwältigt von dem Ausblick. Und ein Gedanke erfüllte meinen ganzen Körper: „Wer bist du, dass du so etwas Schönes erschaffen kannst?" Und dann beschloss ich, mein Leben diesem unbekannten, unfassbaren Schöpfer zu widmen."

Solch ein Entschluss ist nicht nur für den Betreffenden selbst, sondern auch für dessen Umfeld eine große Herausforderung. Jubelarien der Familie und Freunde sind nicht unbedingt zu erwarten. Ich habe selten Menschen getroffen, die so viel Lebensfreude ausstrahlen wie diese Ordensfrauen.

In der Klosterbibliothek des St. Charles fand ich in einem Buch von Carl Friedrich von Weizsäcker ein Zitat von Douglas Steere, ehemals Professor an der Quäker-Universität in Haverford /USA: Dieser antwortete auf die Frage, welche Eigenschaften einen wahren Christen auszeichnen würde:

„He is three things: He is immensely happy, absoluteley fearless and always in trouble"

„... Grenzenlos glücklich, absolut furchtlos und immer in Schwierigkeiten."

Während dieses Aufenthaltes saß ein bibeltreuer Christ abends mit uns am Speisetisch. Ein netter Mensch, mit dem man sich gut unterhalten konnte. Kontrovers wurde unser Gespräch jedoch immer dann, wenn es um religiöse Themen ging. Am ersten Abend erzählte er beispielsweise von den Grenzen Israels, die Gott durch sein Wort im Alten Testament festgelegt hätte.

„Ich glaube nicht, dass Gott sich für die Grenzen eines Staates interessiert", widersprach ich. „Für mich ist Gott Unendlichkeit. Unendlichkeit kennt keine Grenzen."

Am Abend vor unserem Rückflug sagte er zu mir: „Sie haben heute ihren letzten Abend." „Das will ich doch nicht hoffen", antwortete ich. „Es ist nur mein letzter Abend für diesen Aufenthalt in Jerusalem." Zunächst lachte mein Gegenüber, dann aber wurde er ernst und sagte: „Ich möchte Ihnen wünschen, dass dies tatsächlich für Sie der letzte Abend ist." Zuerst dachte ich, ich hätte mich verhört und fragte: „Sie wünschen mir den Tod?" „Ja", sagte er. „Denn was könnte es Schöneres geben, als in der Herrlichkeit Gottes zu sein?" Nach diesem Satz waren wir „keine Freunde" mehr. Um es salopp auszudrücken: Mir schwoll der Kamm. Ich beugte mich über den Tisch zu ihm vor und sagte: „Erzählen Sie das mal einem Menschen, der krank ist und um sein Leben kämpft." Dabei dachte ich an Sven, der noch so viele Ideen und Pläne hatte, die er nicht mehr umsetzen und erleben konnte.

Mit dieser Art der Frömmigkeit, die unser Tischnachbar repräsentierte, kann ich nichts anfangen. Wir sind alle Kinder Gottes, wir kommen aus der Ewigkeit in die Endlichkeit, das glaube ich auch. Leben und Tod sind für mich vergleichbar mit dem Rhythmus von Einatmen und Ausatmen, von Tag und Nacht, von Ebbe und Flut. Dieses große, gigantische Mysterium „Leben" kann niemand fassen, niemand begreifen, niemand erklären. Wir können nur Staunen, aber nichts darüber wissen. Jedoch glaube ich auf gar keinen Fall, dass der Sinn und Zweck dieses Mysteriums darin liegt, nach (nur) einem mehr oder weniger langen irdischen Leben anschließend eine Ewigkeit auf einer Wolke zu sitzen und Harfe zu spielen.

Glaube ist mehr ein Gefühl als ein Gedanke, mehr Vertrauen als Ideologie. Wenn ich sage: „Ich glaube an Gott" meine ich: „Ich vertraue auf Gott" und nicht: „Ich bin von seiner Existenz überzeugt."

Der in Jerusalem lebende Benediktinerpater Nikodemus Schnabel schreibt in seinem Buch „Zuhause im Niemandsland", dass er ein Gottsuchender sei und hofft, dass er Gott niemals finden wird. Diese Aussage klingt zunächst verwirrend und widersprüchlich, denn wozu sollte man etwas suchen, was man gar nicht finden will? Ihm seien die Menschen suspekt, die von sich behaupten, Gott gefunden zu haben, sagt Pater Nikodemus weiter. Diese hätten sich ein Bild von Gott gemacht und wüssten genau, was er will und was er nicht will. Sie neigten daher zu Dogmatismus und Intoleranz. Weil sie Gott nicht mehr suchten, hätten sie ihn in Wahrheit verloren. Pater Nikodemus möchte vielmehr von Gott gefunden werden, und Gott könne eben nur diejenigen finden, die sich selbst auf die Suche nach ihm gemacht haben.

Die Mönche der Dormitio-Abtei Jerusalem schreiben auf ihrer Homepage [6] sinngemäß, Mönch sein bedeute, auf die Existenz Gottes zu wetten. Und eine Wette ist immer unsicher. Man hofft, zu gewinnen, aber man weiß es eben nicht. Und so ist auch das Göttliche nur im Bereich des Ungewissen existent. Die Frage: „Wer bist du, dass du so etwas Schönes erschaffen kannst?" muss auch in Schwester Daniela immer eine Frage bleiben, die niemals beantwortet werden kann. Das innere Feuer der Gotteserfahrung erlösche in dem Moment, in dem in ihr die Frage verschwinden würde.

Jegliche Gotteserfahrung ist mysteriös, unerklärbar, unfassbar. Gott passt in kein Bild. Eine der schönsten Bezeichnungen für Gott ist für mich „Alles, was ist". Das alttestamentarische Gebot „Mache dir kein Bild von deinem Gott" bezieht sich demnach auch auf uns selbst. Wenn das Göttliche „Alles, was ist" ist, dann sind auch wir Teil des Göttlichen. Ein Bild ist statisch, wir aber sind ein nicht abgeschlossener Prozess. Niemals in unserem Leben gab es Stillstand, ebenso wenig wie es beispielsweise einen Stillstand des Meeres gibt. Der ständige Wechsel von Ebbe und Flut ist Ausdruck der Lebendigkeit des Meeres. Bewegung ist das Wesen des Lebendigen. „Alles, was ist" ist in ständiger Bewegung und Veränderung. Wenn wir und Gott in lebendiger

---

[6] http://www.dorminitio.net/index.html

Bewegung sind, kann unser Glaube an Gott nicht statisch sein.

„Und wäre mein Glaube so fest, dass ich Berge versetzen könnte, hätte aber die Liebe nicht …" sagte einst der Apostel Paulus. Auch die Liebe ist weder statisch noch erklärbar.

Eine Übung und ein Segen:

Frage dein Herz:

Glaube ich
  an die Existenz einer höheren Macht?
Glaube ich
  an eine höhere Macht, die auf mich aufpasst oder
  glaube ich an eine höhere Macht, die über mich urteilt?
Glaube ich
  an eine höhere Macht, die mich führt oder
  glaube ich an eine höhere Macht, die mich begleitet?
Glaube ich
  an eine höhere Macht, die mich manchmal prüfen will oder
  glaube ich an eine höhere Macht, die mir stets wohlgesonnen ist?

Segen:

Gott sei vor dir,
um dir deinen Weg zu zeigen.
Gott sei neben dir,
um dich zu umarmen und dich wissen zu lassen, dass du niemals alleine
bist.
Gott sei hinter dir,
um dir Mut und Kraft für deinen Weg zu geben.
Gott sei unter dir,
um dich aufzufangen, wenn du fällst.
Gott sei in dir,
um dich zu trösten, wenn du ängstlich oder traurig bist.
Gott sei über dir,
um dich zu segnen.

Gib einem Menschen die Würde wieder

Ein jüdisches Ehepaar hatte ein Pflegekind bei sich aufgenommen und großgezogen. Der Junge war christlich getauft. Nach vielen Jahren meldeten sich die leiblichen Großeltern und kündigten ihren Besuch bei der Familie an. Die Großeltern gehörten einer christlichen Freikirche an, die für ihre strenge Frömmigkeit bekannt war, der Großvater war sogar Prediger der Gemeinde. Nun wollten sie zum ersten Mal ihren Enkel besuchen. Der jüdische Pflegevater war in den Tagen vor dem Besuch äußerst nervös, er machte sich viele Gedanken darüber, was die Großeltern des Jungen wohl von seiner Familie halten würden. „Wie wird ihnen unser Haus und die Einrichtung gefallen?", fragte er sich beispielsweise. „Was werden sie denken, wenn wir vor den Mahlzeiten ein jüdisches Gebet sprechen?" und so weiter. Als er begann, Bilder von den Wänden abzuhängen, weil er glaubte, dass sie den Großeltern nicht gefallen könnten, sagte seine Frau: „Stopp! Wir sind gute Menschen, und wir sind nicht abhängig von den Wertvorstellungen anderer!"

Unser „Gut-Sein" richtet sich nicht nach bestimmten Kriterien des Verstandes, „Gut-Sein" ist vielmehr eine Herzensqualität. Wir dürfen uns immer wieder mal bewusst machen, dass wir gute und würdevolle Menschen sind.

Lege ein Foto von dir auf deinen Nachttisch. Wenn du am Morgen erwachst, nimm es in die Hand und begrüße den Menschen, den du darauf siehst. Sage ihm: „Du bist ein guter und würdevoller Mensch!"

Diese Übung ist eine Übung der Selbstachtung, oder – anders ausgedrückt: der Selbstwürdigung. Dieses etwas altmodische Wort „Würde" hat für mich eine enorme Kraft.

1945 befreite die britische Armee unter anderem das Frauenkonzentrationslager Bergen Belsen. Die Soldaten hatten damit gerechnet, von den Insassinnen freudig empfangen zu werden, weil das Grauen nun ein Ende hatte. Doch niemand jubelte, die Frauen waren apathisch, sie zeigten keine Reaktion. Der Kommandant nahm von dem Plan, die Frauen zu evakuieren und in Lazarette zu bringen, Abstand. Kaum jemand war transportfähig. Er entschied, das Lager in ein Lazarett zu verwandeln und bestellte Material: Kleidung, Decken, Medikamente, Werkzeug, alles was man braucht, um ein Gefangenenlager in ein Pflegelager umzurüsten. Nach Tagen trafen die ersten LKW ein. Augenzeugen berichten, dass der Kommandant beim Abladen eines der ersten Transporter einen Tobsuchtsanfall bekam. „Welcher Narr hat diese Ladung bestellt?", schrie er. Bis heute weiß es niemand. „Wir brauchen Nahrung, Kleidung, Medikamente, Werkzeug und so weiter, aber doch nicht das!" In dem LKW waren stattdessen unzählige Lippenstifte. Doch dann geschah das Wunder: Die Lippenstifte verbreiteten sich im Lager, und immer mehr Frauen verließen die Baracken. Es stellte sich heraus, dass der Verantwortliche für die Ladung kein Narr, sondern gleichsam ein Engel war. Gib einem Menschen die Würde wieder, und er kann heil werden!

Ich sah ein großes Plakat in Tel Aviv. Darauf abgebildet in Lebensgröße zwei junge Frauen. Es waren zwei Fotos, die nebeneinander montiert worden waren. Das erste Foto, vermutlich aufgenommen zwischen 1940 und 1945, zeigt eine junge Frau in KZ Kleidung, darauf aufgenäht der Judenstern. Daneben, auf dem zweiten Foto, eine junge Frau in der jetzigen Zeit. Sie trägt eine Uniform des israelischen Militärs und ein Maschinengewehr in den Händen. Beide Frauen sind im gleichen Alter und sehen sich sehr ähnlich, sie könnten Schwestern sein, wenn nicht über siebzig Jahre zwischen ihnen liegen würden. Auf dem Plakat steht unter den beiden Fotos der Satz: „Ihr habt es nicht geschafft!" Als ich dieses Plakat sah, wurde mir bewusst, dass es bei dem Nahost-Konflikt im ganz besonderen Maße um das Thema „Würde" geht. Das Leben der jungen Frau auf dem ersten Foto endete vielleicht in einer Gaskammer. Dass dies niemals wieder möglich sein wird, dafür sorgt die junge Frau auf dem zweiten Foto. Sie ist es, die der ersten die Würde zurückgibt.

Auf der anderen Seite des Konflikts geht es um die Würde der Palästinenser, die den Juden vorwerfen: „Ihr habt uns unser Land weggenommen!" Insbesondere in den ersten Jahren nach der Staatsgründung Israels 1948 war es zu brutalen Vertreibungen arabischer Familien aus ihren Dörfern durch israelische Soldaten gekommen. Leider gibt es auf beiden Seiten immer noch viele Menschen, die das erlittene Unrecht der anderen leugnen. Die einen bezweifeln den Holocaust, die anderen die Vertreibung. Beide Parteien müssen lernen, das Leid der jeweils anderen Seite zu würdigen, bevor es zu dauerhaftem Frieden kommen kann.

Nicht voreinander weglaufen können die „Kunden" von Schwester Monika Düllmann, die aus Düsseldorf stammt und in Jerusalem ein, wie sie sagt, „interreligiöses Sterbehospiz" leitet. Juden, Muslime und Christen verbringen dort ihre letzten Tage. „In der Umgebung von Menschen, die kurz vor ihrem Übergang in die andere Welt in einer extremen Situation leben, verwirklicht sich die Einheit in der Achtung der Überzeugungen eines jeden", sagt sie. „Das schönste Geschenk, das uns die Sterbenden machen: Sie lehren uns Versöhnung."

Menschen vergessen, was du gesagt hast, Menschen vergessen, was du getan hast, aber sie vergessen nie, welche Gefühle du in ihnen ausgelöst hast. Und wenn jemand in uns das Gefühl der Liebe entfachen kann, so kann er auch emotionalen Schmerz in uns auslösen. Es gibt keine Liebe ohne Schmerz. „Denn so, wie die Liebe euch krönt, so kreuzigt sie euch. Und wie sie euch wachsen lässt, so schneidet sie euch zurück", heißt es bei Khalil Gibran ‚Über die Liebe' aus „Der Prophet".

Solange wir fühlen können, werden wir auch Schmerz empfinden, solange wir denken können, werden wir auch leidvolle Gedanken haben, und solange wir handeln können, werden wir manches Mal auch

Täter sein. „Ein ganzer Mensch ist derjenige, der mit Gott gegangen und mit dem Teufel gerungen hat", sagte einst C. G. Jung.

Ab und an sollten wir still werden und uns selbst betrachten. Wir sollten uns Zeit für die Selbstreflexion beziehungsweise Selbstwürdigung nehmen. Das Wort „Reflexion" bedeutet „zurückgeworfen werden". In der Selbstreflexion werden wir mit unseren Gedanken und Gefühlen auf uns selbst zurückgeworfen. Die beste Möglichkeit dafür ist die tägliche Meditation. Um innerlich zur Ruhe zu kommen, müssen wir den Lärm um uns herum ausschalten. Wenn wir uns in die Stille setzen und innere Einkehr halten, wird in der Folge auch der Lärm der Geschichten verstummen, die wir uns von der Vergangenheit und der Zukunft, von Verletzung, Schuld und Sühne erzählen. Die Sprache Gottes sei das Schweigen, alles andere sei eine schlechte Übersetzung, sagte der amerikanische Priester und Mönch Thomas Keating.

„Einsicht, Umsicht und Nachsicht" lauten die drei Leitworte. Die Einsicht ist die Reflexion unserer Gedanken, Gefühle, Worte und Taten. Die Umsicht ist die Achtsamkeit im Außen, gleichsam die Konsequenz, die wir aus der Einsicht ziehen. Sie sind Antworten auf die Fragen: „Was möchte ich morgen anders machen?" „Was möchte ich gleich tun?" Die Nachsicht ist unsere Vergebungsbereitschaft uns selbst und anderen gegenüber. Da wir erkannt haben, dass auch wir manchmal fehlsprechen und fehlhandeln, sollten wir ab und an nachsichtig sein mit den Worten und Taten anderer.

Die Bereitschaft zur Vergebung darf jedoch nicht mit Konfliktscheue verwechselt werden. Wir dürfen uns nicht nur wehren, manchmal müssen wir das sogar. Eine Überlebende des Holocaust sagte einmal, sie sei nicht von Friedensdemonstranten mit Plakaten in den Händen und Blümchen in den Haaren aus dem Konzentrationslager befreit worden, sondern von Soldaten mit Maschinengewehren. Ein gläubiger Christ äußerte in einem Interview, dass er mit fast allen Worten Jesu konform ginge, lediglich die Aufforderung „Wenn dir jemand auf die linke Wange schlägt, halte ihm auch noch deine rechte hin" (Mt 5, 39) aus der Bergpredigt habe er nie nachvollziehen können. Ich verstehe diese Worte hingegen keineswegs als einen Aufruf zur Unterwerfung, sondern als Appell, nicht zu flüchten, falls eine Situation mal schwierig werden sollte. Also im Sinne von: „Wenn dir jemand auf die linke Wange schlägt, flüchte nicht, sondern halte ihm notfalls auch noch die rechte hin." Es fällt schwer, mit Menschen Frieden zu schließen, die keinen Frieden wollen. Wer sich in der Rolle des Kämpfers und Kriegers gefällt, hat in Friedenszeiten ein Identitätsproblem. Erst wenn seine Leidenschaft, Krieger zu sein, gebrochen ist, sind Friedensverhandlungen möglich. Bis dahin müssen die Friedfertigen notgedrungen beide Wangen hinhalten.

Vergebung ist eine Grundeinstellung sich selbst und dem Leben gegenüber. Diese Einstellung bedeutet weder, jedem alles immer zu verzeihen noch alles, was war, gut zu heißen. Sie ist vielmehr die Bereitschaft, immer wieder Frieden mit der eigenen Vergangenheit zu schließen, um danach offen und frei von belastendem Ärger Entscheidungen für die Zukunft zu treffen. Dazu gehört auch die Entscheidung, wehrhaft und standhaft gegenüber denjenigen zu sein, die einem nicht wohlgesonnen sind. Vergebung und Wehrhaftigkeit beziehungsweise Standhaftigkeit sind kein Widerspruch. Wer könnte wehrhafter und standfester sein als jemand, der mit sich selbst und seiner Vergangenheit im Reinen ist?

Im Rahmen eines Webinars zum Thema „Vergebung" schilderte eine Teilnehmerin ihr aktuelles Dilemma. Sie habe durch ein Inkassounternehmen eine beträchtliche Geldforderung für Online-Bestellungen erhalten, die sie jedoch nicht getätigt hatte. Tatsächlich waren ihre Personalien in betrügerischer Absicht für die Einkäufe im Internet angegeben worden. Nun stellte sich heraus, dass es ihre eigene Schwester gewesen war. Als gute Schülerin diverser spiritueller Lehren wisse sie, dass man „immer" vergeben sollte. Nur wisse sie derzeit nicht, wie ihr das in diesem Fall gelingen könnte. „Was hältst du denn von Vergebung durch Handeln?", fragte ich sie. „Zum Beispiel durch eine Anzeige bei der Polizei beziehungsweise durch Einschalten eines Rechtsanwaltes? Oder treffe dich mit deiner Schwester, und rede mit ihr Tacheles. Vergebung bedeutet nicht, jedes Unrecht hinzunehmen. Im Gegenteil: Wenn Vergebung nicht dazu führt, die eigene Selbstachtung wieder zu erlangen, ist sie nutzlos! Also, hol dir deine Würde wieder zurück!" Damit konnte sie etwas anfangen. „Das fühlt sich gut an!", lautete ihr Feedback zu meinen Ausführungen.

Unwürdig fühlen wir uns, wenn wir uns verletzt beziehungsweise schuldig fühlen. Mit der Vergebung holen wir uns das Gefühl der Würde zurück.

In den Seminaren des zweiten Grades beschäftigen wir uns mit unseren emotionalen Verletzungen und Schuldgefühlen. Wir erinnern uns an Situationen unseres Lebens, in denen wir Opfer geworden sind: „Welcher Mensch hat mich in meinem Leben am stärksten verletzt?" Anschließend, im zweiten Teil des Seminars, geht es um unsere Täterschaft, die Situationen in unserem Leben, in denen wir uns schuldig gemacht haben: „Welchen Menschen habe ich in meinem Leben am stärksten verletzt?"

Während einer Seminarpause bitte ich die Teilnehmer, am Nordseestrand einen Stein zu suchen. Nach der Innenschau mit der Frage: „Wen habe ich in meinem Leben am stärksten verletzt" geht einer nach dem anderen in die Mitte des Kreises und sagt: „Ich gebe zu, dass ich in meinem Leben einen oder mehrere Menschen emotional verletzt habe." Dann erfolgt die Stimme aus dem Off, entweder von mir oder von einem der begleitenden Coaches, der zu den übrigen Teilnehmern sagt: „Wer von euch ohne Schuld ist, der werfe nun den Stein." Der Geständige steht in der Mitte und erlebt, dass keiner wirft. Nachdem jeder diese Erfahrung gemacht hat, legt einer nach dem anderen seinen Stein in der Mitte ab. Währenddessen läuft der Song „Please forgive me" von Bryan Adams.

Schuld ist keine „Erfindung der katholischen Kirche", wie ein Teilnehmer einmal während eines Seminars sagte. Schuld ist eine Last, die ein Mensch sich selbst aufgeladen hat, indem er jemandem gewollt oder ungewollt, bewusst oder unbewusst, Leid zugefügt hat. Und wer wollte von sich behaupten, solches noch nie getan zu haben? Der erste Stein kann von niemandem geworfen werden.

Als ich sechzehn Jahre alt war, verbrachte ich mit einer Jugendgruppe den Sommerurlaub in Österreich. Drei Wochen Ferienfreizeit mit dreißig Jugendlichen und eine Handvoll Betreuer. An einem der Tage standen wir auf einem hohen Berg und schauten hinab ins Tal. Es ging steil nach unten und unser Blick fiel auf eine Straße, die am Fuß des Berges verlief. Es war Wochenende, und der Himmel war strahlend blau. Dementsprechend war die Straße voll von Menschen. Vor mir auf dem Boden lag ein großer Stein, den ich mit meinen Füßen bearbeitete. Ich wollte ihn über die Brüstung lupfen, was mir nach einigen Versuchen auch gelang. Der Stein rollte den Berg herunter und nahm immer mehr Fahrt auf. Niemand dort unten auf der Straße ahnte die Gefahr. Ich sah diesen großen Brocken mit hoher Geschwindigkeit in Richtung der vielen Spaziergänger fallen und begriff langsam, was ich da getan hatte. Ein Betreuer flippte aus und schrie herum: „Wer war das?" Obwohl alle, die neben mir standen, meine Aktion gesehen hatten, verriet mich keiner. Dann prallte der Stein auf die Straße, ohne jemanden berührt zu haben. Den Aufschlag konnte man bis oben hören. Wir hatten verdammt viel Glück. Ein Mensch, der von dem Stein getroffen worden wäre, hätte das vermutlich nicht überlebt. Auch mein Leben hätte einen ganz anderen Verlauf genommen. Ich wäre heute nicht der Mensch, der ich jetzt bin. Ich hätte große Schuld auf mich geladen, wenn durch meine gedankenlose Handlung ein Mensch schwer verletzt oder gar gestorben wäre. Und selbstverständlich hätte ich mich damit auseinandersetzen müssen.

Möglicherweise war es Fügung, die einen schlechten Ausgang verhindert hatte. Vielleicht waren Schutzengel im Großeinsatz. Wir können es nicht wissen. Ich halte nichts von „spirituellen Rechtfertigungs-geschichten", die von karmischen Zusammenhängen oder dergleichen sprechen. Ich erinnere mich beispielsweise an einen Kindermörder, der seine Tat als unvermeidlich erklärte, da es sich um eine Verabredung zwischen den beiden Seelen, seiner und der des kleinen Jungen, gehandelt habe. Solche Erklärungen sind gleichsam Beruhigungspillen für das schlechte Gewissen, einen Wahrheitsanspruch aber können sie nicht haben. Wenn dieses Ereignis vorbestimmt und unvermeidbar gewesen wäre, gälte das für alle Ereignisse ebenso. In diesem Fall wären wir Menschen keine göttlichen Wesen mit freiem Willen, sondern nur die Marionetten an den Fäden einer höheren Instanz. Wenn wir nicht für unsere schädlichen Taten verantwortlich sind, können wir auch nicht für unsere guten Taten verantwortlich sein. Einen Menschen voll und ganz zu achten bedeutet auch, dessen freien Willen und dessen Verantwortung voll und ganz zu achten. Zu dieser Verantwortung gehört die Auseinandersetzung mit den eigenen Taten. Manche Taten bedürfen der Vergebung. Wie aber könnte ein Mensch sich selbst vergeben, wenn man ihm die Schuld nicht zugesteht?

Schuldgefühle sind also nicht per se schlecht, sie sind vielmehr die erste, grundsätzliche Voraussetzung für Vergebung. Um etwas vergeben zu können, muss man zunächst etwas zu vergeben haben. Schuldgefühle müssen in Bewegung bleiben, sie dürfen nicht einfrieren und zu einem dauerhaften Schuldbewusstsein werden. Dauerhaft werden sie, wenn man sich mit ihnen abfindet, beweglich bleiben sie, solange man sich mit ihnen auseinandersetzt. Nicht (allein) gedanklich, sondern vor allem emotional. Das Wort beinhaltet *„motion"*, also „Bewegung". Ein Schuldgefühl „*in motion*" hat das Potential, sich zu verändern. Wird dieser Prozess der Veränderung in die heilende Richtung gelenkt, kommt es zur Vergebung. Nicht immer schaffen wir es alleine. Manchmal muss jemand da sein, der uns dabei hilft. Jemand, der uns zuhört und dem wir unser Herz ausschütten können. Dies kann ein Priester, ein Arzt, ein guter Freund oder ein Dalmanuta-Lehrer sein. Manchmal auch ein Kneipenwirt ...

Vor kurzem sah ich ein Buch mit dem Titel: „Leben ohne Reue". Mein erster Gedanke war: Wie schade wäre das denn? Wie könnte ich mich weiterentwickeln, ohne dass ich auch mal eine Tat, die ich begangen oder unterlassen habe, bereue? Ohne Reue ist kein Wachstum, kein Lernen möglich. Reue führt zu Mitgefühl. Ein Leben ohne Reue hingegen führt in die Selbstgerechtigkeit.

Selbstverständlich sollten wir nicht dauerhaft bereuen beziehungsweise an der Reue festhalten. Vielmehr müssen wir immer wieder Frieden mit unseren Entscheidungen schließen, um ein glückliches Leben führen zu können. Einmal kurz und intensiv bereut reicht vollkommen aus. Jedoch niemals etwas bereuen? Welche Mutter, welcher Vater zum Beispiel könnte von sich behaupten, in der Begleitung seiner Kinder niemals etwas bereut zu haben?

Reue ist ein Gefühl, welches sich nicht nach moralischen oder gesellschaftlichen Regeln orientiert, sondern einzig und allein an der eigenen inneren Wahrheit. Man kann sich Reue nicht verordnen. Ebenso wenig kann man sich ihr entziehen. Reue ist immer auch ein

Vorsatz für die Zukunft. Ich nehme mir vor, dass ich „es das nächste Mal anders machen werde".

„Du hast schlechte Taten begangen, deshalb bist du hier. Aber dennoch bist du ein wertvoller Mensch, der für die Zukunft neue Entscheidungen treffen kann." Diese Botschaft der Würde vermittelt das JVA-Team der Dalmanuta-Lehrer den Insassen im Rahmen von Meditationsabenden in Gefängnissen. Das Projekt initiierte Simone Osteroth [7] gemeinsam mit dem Seelsorger der JVA Essen im Frühjahr 2017.

Auch Daniela Steiner ist eine Dalmanuta-Lehrerin, die sich um Gefangene kümmert. Als Mitglied der Organisation „Initiative gegen die Todesstrafe e.V." pflegt sie enge Kontakte zu Todeskandidaten in den USA. An einem der Ausbildungstage erzählte Daniela, wie sie zu diesem besonderen „Hobby" gekommen ist:

„Vor einigen Jahren hielt ich während meines Studiums in Hamburg einen Vortrag über die Todesstrafe im Allgemeinen. Zuvor hatte ich mich noch nie mit diesem Thema beschäftigt. Es waren 25 Zuhörer anwesend, und alle außer mir vertraten die Ansicht, dass diese Art der Strafe in manchen Fällen legitim sei. Das hat mich total erschreckt, und ich habe mich gefragt, was ich tun könnte. Das Einzige, was ich tun kann, ist, Liebe zu geben, dachte ich und kam auf die Idee, einem

---

[7] http://www.zeit-fuer-veraenderung.biz/2.html

zum Tode verurteilten Menschen einen Brief zu schreiben. Daraus entwickelte sich eine Brieffreundschaft zu einem Mann, der in Louisiana in der Todeszelle einsitzt. Im Laufe der Meditationslehrerausbildung sandte ich ihm auch meine Meditationen und Vorträge, die ich regelmäßig als Hausaufgabe vorbereiten musste und anschließend für ihn ins Englische übersetzte. Alle eingehende Post wird im sogenannten Mailroom des Gefängnisses gecheckt und erst dann an den Empfänger weitergeleitet. Nach ein paar geschriebenen Meditationen wurde mein Brieffreund darauf angesprochen. Es hätten sich immer einige vom Personal im Mailroom zusammengetan und sich die Arbeit durchgelesen, welches dann Wirkung zeigte. Ich wurde gefragt, ob ich regelmäßig etwas schreiben könnte. Die Nachfrage wäre groß. Das Highlight war meine Abschlussarbeit, es ging grundsätzlich um das Thema „wer du in Wahrheit bist". Sie wurde sowohl in der Kapelle als auch im Gefangenentrakt vorgetragen und hat – wie man mir schrieb – eine Welle von Emotionen ausgelöst. Seitdem habe ich nie aufgehört, von Dalmanuta zu erzählen. Ich erzählte davon auf mehreren Treffen mit anderen Mitgliedern unserer Organisation. Manche baten mich darum, zu bestimmten Häftlingen Kontakt zu aufzunehmen, um von Dalmanuta zu erzählen. So entstand mein Kontakt zu Häftlingen aus Texas, Florida und Oklahoma. Terry Darnell Edwards telefonierte mit mir wenige Stunden vor seiner Exekution. Insgesamt hatte er 3 Hinrichtungstermine erhalten. Wir haben uns nach seinem ersten Aufschub kennengelernt. Im Oktober 2016 hatte er seinen zweiten Hinrichtungstermin erhalten. Kurz vorher sagte er, was die Art von Arbeit bei ihm bewirkt hätte. „Sie haben mir alles genommen, sie werden mir alles nehmen, aber ich bin dankbar dafür, dass ich meine Würde zurückerhalten habe. Diese wird mir keiner mehr nehmen". Der nächste Hinrichtungstermin wurde für den 26.01.2017 festgelegt. Bevor er zum Death Watch verlegt wurde, übergab er all meine Meditationen, die er in einem Ordner mit der Aufschrift „Dalmanuta" gesammelt hatte, an einen anderen Häftling mit dem Hinweis, er solle sich einmal im Monat eine Arbeit durchlesen. Mit Hilfe von Dalmanuta würde auch er einen Weg finden, sein Leben zu lieben. Falls er einen Termin erhalten sollte, dürfte er alle auf einmal lesen."

Die Problematik dieses Projekts ist mir sehr bewusst. Damit konfrontiert reagieren viele geradezu reflexartig mit der Aussage: „Man sollte sich mehr um die Opfer kümmern, als um die Täter." Danielas Engagement ist jedoch keine Parteinahme für Schwerverbrecher, sondern gegen die Todesstrafe als solche. Sie ist kein „Knast Groupie", von denen ich während meiner operativen Polizeizeit einige kennengelernt habe. Diese (überwiegend) Frauen sind von einem Straftäter, der pressewirksam zu einer langjährigen Haft verurteilt wurde, so fasziniert, dass sie mit ihm eine Brieffreundschaft beginnen. Sie interessieren sich sehr für die Lebensgeschichte des Täters und argumentieren auf der Mitleidsschiene nach dem Motto: „Er konnte doch gar nichts dafür!" Die wahren Schuldigen sind nach solcher Argumentation die Eltern, die in der Kindheit nicht gut mit ihm umgegangen sind beziehungsweise die Gesellschaft, die ihm keine Chance auf ein legales Leben ermöglicht hat. Oder aber das Opfer selbst, welches den armen Mann so provoziert hat, dass er keinen Ausweg sah ... und so weiter. Ich habe damals als Fahnder kein Verständnis für diese „Fans" gehabt. Ich hielt sie für therapiebedürftig.

Mittlerweile weiß ich mehr. Durch Danielas Arbeit habe ich einen anderen Blick auf die Thematik. Der Verein „Initiative gegen die Todesstrafe" hat unter anderem dazu beigetragen, dass eine deutsche Firma, die Kräne herstellt, diese nicht mehr in Länder wie Iran exportiert. Die Kräne wurden dort weniger für Bauarbeiten, als für Hinrichtungen durch Erhängen verwandt. Die Organisation schreibt in ihrem Leitbild: „Wir respektieren den Gefangenen als Menschen, ohne seine Straftat zu akzeptieren."

Als ehemaliger Zielfahnder des LKA habe ich Straftäter höchsten Kalibers gesucht, gefunden und festgenommen. Darunter waren Leute, die nach meiner Einschätzung niemals mehr freigelassen werden dürfen, weil sie eine Gefahr für andere Menschen darstellen. Das Dalmanuta-Prinzip lehrt als eines von drei Themen die Verantwortung. Dazu gehört auch das „Geradestehen" für schlimme Taten, die jemand in seinem Leben begangen hat. Wenn ein Mensch ermordet wird, zerstört diese Tat nicht nur dessen Leben, sondern auch das Leben seiner Familie. Opfer von Straftaten haben ein Recht auf Mitgefühl und tatkräftige Hilfe. Aber nicht dadurch, dass man etliche Jahre, oftmals sogar Jahrzehnte später den Täter umbringt.

„Denken Sie an das Schlimmste, das Sie je in Ihrem Leben getan haben, und fragen Sie sich selbst, ob genau dieser Moment Sie als Persönlichkeit definiert?" Diese Frage stellte der republikanische Politiker Adam Hertz an die Mitglieder des Repräsentantenhauses in den USA.

Hertz ist ein Gegner der Todesstrafe. Er vertritt die Ansicht, dass ein schlimmer Moment im Leben eines Menschen nicht dessen ganze Persönlichkeit widerspiegeln würde. Den Befürwortern der Todesstrafe ist es nicht nur wichtig, dass der Täter stirbt, sondern auch, wie er stirbt. Im Zentrum steht für sie nicht allein die Frage: „Hat der Straftäter durch seine Tat sein Leben verwirkt?" Es geht ihnen im besonderen Maße um den Akt der Vollstreckung selbst, um die Zeremonie der Hinrichtung, oder, um es deutlicher zu sagen, um die Folter. Beim Transport eines Todeskandidaten, dessen Hinrichtung kurz bevorstand, verunglückte vor einigen Jahren in Texas das Fahrzeug auf dem Weg nach Huntsville. Der Delinquent war so schwer verletzt, dass er reanimiert werden musste. Wochenlang päppelte man ihn wieder auf, um ihn nach seiner vollständigen Genesung mit der Giftspritze zu töten. Bemerkenswert finde ich im Übrigen, dass die Anhänger des alttestamentarischen „Auge um Auge, Zahn um Zahn" in den USA meist bekennende Christen sind, die die Fahne des „Erlösers" demonstrativ vor sich hertragen.

Robert Pruett war 1995 als Fünfzehnjähriger zu neunundneunzig Jahren Haft verurteilt worden, weil sein Vater den Nachbarn erstochen hatte. Robert selbst war weder bei der Tat anwesend noch hatte er einen Tatbeitrag dazu geleistet. Sein Vergehen bestand darin, dass er zuvor an einem Streit mit dem Nachbarn beteiligt gewesen war. Das allein reicht in Texas aus, um einem Teenager lebenslänglich zu verpassen. Der Vater hatte dasselbe Strafmaß erhalten. Vier Jahre später wurde in Roberts Trakt ein Justizbeamter erstochen. Einen Augenzeugen des Mordes gab es nicht, Täter und Opfer waren während der Tat allein. Dafür wurde Robert im Alter von neunzehn Jahren zum Tode verurteilt, obwohl die Spurenlage mehr für seine Unschuld, als für seine Schuld spricht. Die dem Täter zugeordnete DNA ist nachweislich nicht Roberts. In jedem zivilisierten Land der Welt wäre das Todesurteil revidiert worden. Nicht so in Texas. Fünf Hinrichtungstermine überlebte er. Jedes Mal entschied ein Berufungsrichter kurz vorher, die Exekution aufzuschieben, um die Beweislage erneut zu prüfen. Einmal hatte er bereits die letzte Mahlzeit eingenommen, Kartoffeln mit Spiegeleiern. Ein weiteres Mal stand er schon vor der Pritsche, als im letzten Moment der Anruf des Richters kam.

Mehrfach hatte ich Daniela geraten, einmal nach Jerusalem zu reisen: „Setz dich an die Hinrichtungsstelle des Meisters der Liebe. Denn wer, wenn nicht er, könnte mehr Verständnis für deine Arbeit haben? Auf Golgatha wirst du Inspirationen erhalten."

Am 12. Oktober 2017 gab es keine Gnade mehr für Robert Pruett. Vor seiner Hinrichtung durfte er für fünfzehn Minuten mit Daniela telefonieren. Sie erzählte ihm davon, dass sie gerne nach Israel reisen würde, sich aber aufgrund ihrer Flugangst nicht traut. „Versprich mir, dass du dorthin fliegen wirst", sagte Robert in diesem letzten Telefonat. Sie verabschiedeten sich mit den Worten: „Gute Nacht!" Drei Stunden später war Robert tot. Und Daniela buchte den Flug nach Tel Aviv.

Direkt nach unserer Ankunft in Jerusalem gingen wir nach Golgatha. Die Botschaft, die Daniela während ihrer Meditation dort erhielt, ist der Schlusspunkt dieses Buches. Der erste Band dieser Dalmanuta-

Reihe endet dort, wo auch der Einzug des Meisters der Liebe in Jerusalem sein vorläufiges Ende fand.

Epilog

„Deine bloße Existenz legt Zeugnis ab für deine Liebe für dich selbst. Dein Verhältnis zu dir bestimmt deine Lebensqualität. Du hast Vertrauen und weißt, dass du aus einem ganz bestimmten Grund hier bist. Du hast den Mut, du selbst zu sein und entdeckst somit die höchste Wahrheit, die du empfangen kannst. Freiheit findet dein Selbst, wenn es alle äußeren Formen an Autorität zurückweist. Du bist in deiner Kraft und gestehst dies auch anderen zu, akzeptierst jedoch keinen anderen Lehrer, als den, der in deinem Herzen wohnt.

Gnade bedeutet, mit der Liebe zu handeln, Kampf bedeutet, ohne Liebe zu handeln. Du hast die Ergebnisse beider Versuche erfahren und weißt, welcher Weg sich besser anfühlt. Nur was du liebst zu tun, wird andere berühren. Ihr denkt, es sei ein „Tun", allerdings ist es viel mehr deine Art, zu sein. Eins wird äußerlich Zwei und Zwei innerlich Eins. Es gibt keinen Anfang und kein Ende. Alle Enden der Erde sind vom Himmel der Liebe umhüllt, und wir sind mittendrin."

Daniela Steiner

Weitere Informationen unter

www.dalmanuta-prinzip.de

Weitere Bücher von Peter Michael Dieckmann

Erschienen im Goldmann Verlag

Wenn zwei sich treffen in meinem Namen

Gespräche mit JJ

ISBN 3442337232

2004

Ich bin berührt -
Reiki oder die Schule des Lebens

ISBN 3442218071

2008

Bodybuilding für die Seele
Training unserer spirituellen und Fähigkeiten

ISBN: 3442219248

2010

Kampfkunst des Herzens
Wie wir emotionale Angriffe ins Positive verwandeln

ISBN: 3442220270

2013

Die Kunst der Schutzgelderpressung
Was Yogis und Mafiosis voneinander lernen können

ISBN: 3442220467

2014

Drei Schlüssel zur Vergebung
Mit dem Dalmanuta-Prinzip emotionale Verletzungen heilen

ISBN: 3442221196

2016

FSC
www.fsc.org
MIX
Papier | Fördert
gute Waldnutzung
FSC® C083411

Zeitfracht Medien GmbH
Ferdinand-Jühlke-Straße 7
99095 Erfurt, Deutschland
produktsicherheit@kolibri360.de